금에
투자하라

금에
투자하라

코로나 팬데믹이 불러온 부의 대이동

가메이 고이치로 지음 | 현승희 옮김

해피북스
투유

차례

PART 1 **코로나 팬데믹이 불러온 금의 대시세**

위기를 기회로 형성된 금의 대시세   009
금은 인플레이션에 강하고 디플레이션에 약하다?   029

PART 2 **기본적인 금 수급 살펴보기**

유사 이래 채굴한 금, 20만 톤   045
채굴과 공급면에서 본 금 가격   053
금 가격을 움직이는 요인들   079

PART 3 **전 세계 중앙은행과 금 가격의 상관관계**

과거 10년에 걸쳐 왕성한 매입을 계속한 공적 부문   093
중앙은행의 금준비 입장 변화   102
금 가격의 전환점   119

PART 4 과거 50년간의 금융, 정치 이벤트와 금의 움직임

반세기 전에 일어난 대변화   141

1980년-버블화된 금   143

'위기 시의 달러' 뒤에 가라앉은 금   148

전환기가 된 2000년   154

2008년 리먼 쇼크 직후 금의 움직임   159

2013년의 급락장, 프로와 개인이 대치하다   164

PART 5 쇠락하는 기축통화 달러, 상승하는 금

코로나 팬데믹과 전대미문의 금융완화   173

적극적으로 위험을 무릅쓰기 시작한 FRB   179

금융 비대화 속에서 반복되는 버블 생성과 붕괴   184

코로나 팬데믹에 가려진 채권 버블 붕괴 위기   193

쌍둥이 적자의 부활과 달러의 평가절하   202

PART 6 지금이야말로 금을 사야만 한다

무한한 가치 상승의 무국적 통화, 금   211

PART 1

코로나 팬데믹이
불러온 금의 대시세

위기를 기회로 형성된
금의 대시세

불확실 요소를 지닌 자산

달러 표시 금 가격은 2021년이 다 가기 전에 1온스당 2,300달러
에 도달할 것이다.

이것은 지난 1년간의 기준가 상승을 통해 예측한 수치로,
2020년 6월 1,700달러대였던 상황을 감안하면 그리 엉뚱한 예
상은 아니다. 오히려 현실감 없는 낮은 수치라고 받아들이는 의
견도 있다. 다음의 〈표1〉을 보면 슬슬 고점에 가까워졌다고 생
각할 사람도 있겠으나 시세 관측은 각자의 입장과 분석에 따라
조금씩 다르게 마련이다.

금은 실물자산이자 각국의 법정화폐와는 달리 발행처가 없어

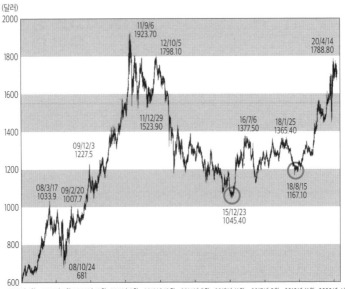

표1 | 2007~2020년 금값 추이

(달러)

- 11/9/6 1923.70
- 12/10/5 1798.10
- 20/4/14 1788.80
- 11/12/29 1523.90
- 16/7/6 1377.50
- 18/1/25 1365.40
- 09/12/3 1227.5
- 08/3/17 1033.9
- 09/2/20 1007.7
- 18/8/15 1167.10
- 15/12/23 1045.40
- 08/10/24 681

2007년 1월 2008년 6월 2009년 12월 2011년 6월 2012년 12월 2014년 5월 2015년 11월 2017년 5월 2018년 11월 2020년 4월

파산(신용 리스크)과는 무관한 자산이며 배당도 이자도 없다. 게다가 주식처럼 적정한 가격 기준을 산출할 수도 없다.

시대마다 금의 가격은 수요와 공급의 균형과 더불어 국제금융 동향 등에 영향을 받았다. 그래서 금의 '적정 가격'은 투자가의 움직임을 반영한 시장 가격이 일정 기간 유지되어야 한다.

금은 불확실 요소를 지닌 자산이지만 한편으로는 안전자산이라 아주 오랫동안 통화 가치를 뒷받침하는 데 사용되었다. 따라서 중앙은행은 금과 통화의 교환가치를 정해 발행한 통화와 보유한 금 현물을 연계하여 지폐와 금의 교환을 보증했다. 이것을 '금본위제'라고 한다. 전 세계 사람들이 귀중한 물건으로 인식하고, 세계 경제의 규모에서 차지하는 희소성도 있어 금은 만국 공통의 가치를 지닌 자산이다.

금에는 왜 가치가 있는가. 그것은 인류 역사에서 늘 존재해왔던 '공동 환상' 때문이다. 즉, 사람들이 가치가 있다고 생각하기에 가치가 있는 것이며, 그 생각이 문명이 태동한 이래 수천 년간 이어져 그 가치를 유지할 수 있었다. 정신분석학의 아버지, 지그문트 프로이트조차 "황금은 인간의 잠재의식 속에서 본능을 채워주고, 상징적으로 이용하게끔 부추기는 모든 요소를 갖추고 있다"고 말했다.

우리가 일상에서 사용하는 지폐 또한 앞으로도 가치가 있을 거라는 생각으로 보존한다는 점에서 공동 환상이라고 할 수 있겠으나, 각국의 법정화폐는 인위적으로 얼마든지 발행할 수 있는 데 반해 금은 그렇지 않다. 그 점에서 금의 근원적 가치는 흔들림이 없다. 때문에 금이 통화 가치를 뒷받침하는 데 사용된 것이다.

국제적인 위기에 반응해 가격이 상승한다

|

세계 경제의 불안 요인이 늘어나는 환경에서 금은 안전자산으로

서 도피자금을 끌어모으며 가격을 올려왔다.

지금까지의 사상 최고가는 (장중이었지만) 2011년 9월 6일 1,923.7달러. 종가 기준 최고가는 2011년 8월 22일의 1,891.9달러로 이때까지 1,900달러를 넘어서지는 못했다. 2008년 9월 미국의 대형 투자은행 리먼 브러더스의 파산으로 야기된 국제금융위기 속에서, 금은 자산의 도피처로서 활용되었다. 그 후 금 가격은 눈에 띄게 상승하여 2009년 11월 이후 사상 최고가 갱신을 계속했다.

그 전후로 국제통화기금IMF이 보유한 금 매각 문제가 불거졌는데, 총 보유량의 절반인 200톤을 인도 중앙은행이 사들였다는 사실이 밝혀지면서 이를 계기로 펀드 매수 움직임이 활발해졌다. 이 단계에서 이미 1,200달러를 돌파했다.

이듬해 2010년에는 그리스의 재정위기가 불거졌다. 전년도부터 미국 연방준비제도이사회FRB가 시작한, 시장에 대량의 자금을 공급하는 양적완화는 종결을 계획하고 있었으나, 금융환경의 불안정성에서 빠져나오지 못해 여름 이후 한번 더 완화를 진행, 11월에는 2차 양적완화QE2를 실시하게 되었다. 이 사이에 1,200달러대를 굳힌 금은 여름 끝 무렵부터 오름세를 타며 1,300달러대로, 11월에는 1,400달러대로 기준가를 올렸다.

과거에도 금 가격은 계속 최고치를 갱신했으나, 결코 급등하는 일 없이 완만한 상승세를 유지했다.

다음 해인 2011년 역시 천천히 기준가가 상승하는 패턴이 지속되다가 4월에 처음 1,500달러대에 들어섰다. 그 후, 그리스 구제를 둘러싼 논의가 유럽연합EU에서 난항을 겪던 와중에 이탈리아와 스페인 등 남유럽 국가의 국채가 팔려나갔다. 이를 계기로 재정위기의 확대가 우려되며 7월에 금은 1,600달러를 돌파했다.

때마침 미국 의회는 연방 채무상환 문제를 놓고 여야 협의를 이루지 못해, 신규 차입이 어려워질 가능성이 높아지고 있었다. 미국 재무부의 국채 이자 지급까지 우려되는 상황에서, 금 가격은 마침내 상승에 가속도를 내기 시작했다.

8월 8일 월요일은 달러가 매도되면서 금 가격이 급등하여 순식간에 1,700달러를 돌파했다. 그 후 9영업일째에는 1,800대까지 올랐다. 게다가 2영업일째인 8월 22일, 장중 1,900달러를 돌파, 종가 기준으로 사상 최고치(1,891.9달러)를 갱신했다.

이것이 고점이 되어 가격 변동이 심해졌다. 그로부터 2주 후인 9월 6일, 장중 사상 최고치 1,923.7달러를 기록했다.

리먼 쇼크 전후의 시세 재현인가

|

2008년 이후의 국제금융위기는 서브프라임 모기지를 비롯, 증권

화했던 대출 채권 버블이 동시에 꺼지며 일어났다. 일반적으로 신용도가 낮은 사람을 대상으로 한 주택담보대출을 서브프라임 모기지라고 하는데, 이 계층에 과도하게 대출을 허용해 집을 사게 한 것이 사건의 발단이었다.

2007년에 서브프라임 모기지로 인한 불량채권의 증가와 회수 불가금이 극한까지 치달으며, 이 대출 채권을 합쳐 증권화했던 금융상품의 신용도가 하락했다. 그 때문에 서브프라임 모기지를 낀 증권화 상품을 대량으로 사들였던 은행과 헤지펀드의 부외簿外 불량채권이 연쇄적으로 급증해 종국에는 대형 은행 내에서도 돈의 흐름이 멈춰버렸다. 그렇게 경제 자체가 빈사 상태에 이르렀다.

2007년 시점에서 상승세를 타고 있던 금시장은, 리먼 쇼크 후의 심한 변동 속에서 5년의 세월을 지나 1,900달러를 돌파했다. 기준가를 올리며 점차 나아가던 시세는 속도를 내며 한순간에 상승했다.

이때의 금 가격 상승은 일시적인 이벤트에 반응한 것이 아니었다. 서브프라임 버블 붕괴의 결과 야기된 국제금융위기(신용위기, 크레딧 크런치)의 대응책으로 대량의 달러 공급되었다. 그에 대한 금시장의 반응이 몇 년에 걸쳐 '차곡차곡 쌓인 듯한 형태'로 나타난 것이다.

금 가격을 오랜 세월 보아온 전문가들은 이때를 '대시세'라고 불렀는데, 같은 일이 다시 지금 일어나려 하고 있다.

2020년, 코로나19 바이러스 감염 확대를 억제하기 위해 세계 각국이 경제봉쇄를 시행한 결과, 2~4월은 주식이 폭락하는 등 금융경제가 혼란에 빠졌다.

이는 그야말로 리먼 쇼크 발생 당시 상황에 필적한다고도 할 수 있었다. 3월 이후 FRB를 필두로 주요국 중앙은행은 통화 공급책과 재정 대응책을 세웠다. 단, 그 효과와 경제적 반응은 아직 나타나지 않고 있다.

게다가 2019년부터 버블 양상이 우려되고 있던 미국의 주식 시장과 채권시장이 이번 긴급대응책으로 겨우 연명하고 있으나, 앞으로도 파란은 불가피하리라 생각된다.

금시장에 미치는 코로나19 영향

2020년의 금시장은 급등하며 '점프 스타트'를 끊었다.

물론 코로나19 팬데믹 같은 문제는 상상도 못 했지만, 미국 대통령 선거의 해이기도 했고 취임 이후 계속 이어진 선거용 '트럼프 퍼포먼스'라는 교란 요인만으로도 미·중 마찰 등 시장에 파란을 불러오리라 예상을 하고는 있었다.

새해 벽두부터 일어난 사건은 미국, 이란 간의 군사 충돌이라는 지정학적 요인이 원인이었다. 2019년 말에 1,500달러를 조금 넘긴 시점에서 마무리되었던 금 가격은, 1월 8일 뉴욕 시간 외·아시아 시간 오전에 한시적으로 1,600달러를 돌파했다. 경험적으로 '위기 시 금의 유효기간은 짧다'고 생각했고, 이때도 역시 그랬다. 전시戰時 리스크의 낌새를 맡은 금 가격이 확 올라가도, 시장이 사태의 변화를 시시각각으로 반영하므로 일시적 상승으로 끝나는 경우가 많았다.

뉴스를 보고 초반에 나타난 주요 반응은, 시장 전체가 리스크 요인으로서 중동 정세에 대한 관심이 낮았다는 반증이기도 했다. 2018년 미국이 이란 핵 합의에서 탈퇴, 제재를 강화하는 가운데 이란 쪽도 반발하였으나 그 영향은 제한적이었다. 그 후로도 사우디 석유 시설에 드론을 사용한 대규모 공격 등 이란의 관여가 의심되는 움직임이 있었으나, 그럼에도 큰 소동 없이 지나갔다는 점이 중동 리스크에 대한 의식을 낮춰왔다.

미국 측도 미·중 통상 교섭에 주력하고 있어, 군사 면에서도 페르시아만보다 남중국해, 대만해협에서의 중국군에 대한 대응이 중대 사안으로 여겨지고 있었다.

애당초 미국과 이란 모두 교전 상태가 확대될 상황 등을 고려하지 않았고, 미국은 확실히 중동 정세에 대한 관심도가 낮은 상태였다. 결국, 미국과 이란 간의 긴장 고조는 금시장에 있어 '노이즈' 같은 것으로, 가을의 미국 대통령 선거를 둘러싸고 재선을 노리는 '트럼프 퍼포먼스' 중 하나에 지나지 않는다고 보고 있었다. 시장의 반응도 비슷했다.

단, 배경이 어떻든 미국과 이란의 충돌은 낮은 금 가격을 끌어올리는 계기가 되었다. 그 덕에 금시장은 테크니컬 지표상 호전세로 이어졌다.

1,600~1,800달러를 상정하다

일의 성격상, 전년도 11월 즈음 다음 해의 금 가격 전망에 대해 원고 청탁이나 취재 의뢰를 받는다. 2019년 가을 시점에서 본 2020년의 금 가격은 1,600~1,800달러, 1,700달러를 중심으로 플러스마이너스 100달러 정도였다. 2020년에는 안 될지도 모르겠지만 머지않아 2011년의 1,900달러를 훌쩍 넘어서리라 생각했다.(《닛케이 머니》 2020년 1월호 별책).

그 시점의 금 가격은 1,450달러 전후였다. 연초 가격은 요 몇 년 크리스마스를 끼고 매입하는 경우가 많았기에 1,500달러 선에서 시작하리라 예상했다.(주간 《이코노미스트》 2019년 12월 31일, 2020년 1월 7일 합병호)

2019년 연말에 2020년의 포인트로 꼽은 부분은 주식시장이 자사주 매입으로 전환기를 맞아 FRB 약세로 양적완화를 불사할 수밖에 없었다는 점이다.

국제 정세 측면에서는 미국 대통령 선거에 대비해 트럼프 정권이 고압적인 외교 정책을 고수했고, 그로 인해 미·중 마찰이 계속되리라 보았다. 대통령 선거 형세도 앨 고어(민주당)와 부시(공화당)가 맞붙었던 2000년처럼 치열해져, 개표 결과를 둘러싸고 양측이 제소할 가능성까지 내비쳤다.

2018~2019년의 금융경제의 흐름을 분석하여 향후 금시장 예측에 관한 주요 사안을 아래와 같이 정리했다.

① 중앙은행의 정책 한계: 주먹구구 상태의 FRB

② 재정출동의 본격화: 금융정책에서 재무정책으로

③ 세계적인 채무 확대: 금리 상승에 취약한 경제

④ 자산 버블에 대한 경고: 미국 주식시장, ③과 겹치는 채권 시장

⑤ 미·중 냉전시대의 인식: 두 나라의 융화시대(긴장 완화) 종료

⑥ 미국 대통령 선거: 접전으로 혼란 예상, 트럼프 리스크라는 변수

⑦ 뿌리 깊은 지정학적 리스크와 빈부 격차 확대

⑧ 5G원년: 새로운 산업 분야의 태동

물론 그때는 신종 코로나 바이러스로 인한 위기는 감히 상상조차 하지 못했다.

코로나19 팬데믹의 충격으로 경제 예측이 어떻게 바뀌었는지, 또 바뀌지 않은 부분은 무엇인지 보여주기 위해 지난 2019년 12월 3일에 했던 《시사통신사》와의 인터뷰에서 예상한 금 가격을 참고하기 바란다.(26페이지 참고) 당시 가격은 NY 1,469.2달러, 일본 5,134엔이었다.

코로나19 발생 후, FRB에 의한 전무후무한 자금 공급은 5월 말에 이르러 약 3조 달러가 되었다. 이는 불과 석 달 사이에 일어난 일로, 이 규모가 사태의 심각성을 반증하고 있다.

원래 필자가 상정하고 있던 움직임이 앞당겨져 일어나고 있다는 느낌이지만, 그 규모는 전혀 예상 밖이었다. 감염 확대 방지를 위한 경제활동 제한이 인위적으로 수요를 없앤 것이다.

실물경제에서의 자본 순환은 순식간에 반토막 났으며, 이는 곧바로 금융시장에 미칠 파급의 크기를 예상케 했다.

급락을 시작한 미국 주가가 세계 금융시장의 폭락으로 이어지기까지는 그리 오래 걸리지 않았다. FRB는 지금까지 주식시장과 채무시장의 연계에 의한 상호작용으로 가격을 상승시켜 경기를 지탱하는 상태를 용인해왔으나, 이 구조가 무너지는 것은 두고 볼 수 없었다. 그리하여 초기 대응으로 리먼 쇼크 때와 똑같이 긴급자금 공급으로 쇼크 완화에 나섰다.

그러나 이미 필요한 자본의 규모는 전대미문의 상태가 되어 버렸다.

난기류에 휩쓸린 금시장

|

미국 주식을 중심으로, 전 세계 주가가 대폭락한 2020년 2월 하순에서 3월 하순. 시장은 리스크 자산회피(리스크 오프) 분위기가 팽배했다. 본래 자금의 도피처로 사들이던 금도 파는 분위기가 되어 금 가격은 변동이 심해졌다.

중국 후베이성 우한시에서 1월 23일부터 코로나19 바이러스 감염 확대 방지를 위한 도시 봉쇄가 시작됐다. 그러나 2월 초, 뉴욕 다우지수를 필두로 한 미국 주식의 주요 주가는 사상 최고치를 갱신하고 있었다. 전년도 10월 이후 FRB가 시장에 자금 공급을 지속하고 있던 데에다, 연초 미·중 통상협의의 제1단계 합의가 성립되었기 때문이다.

그러나 2월 중반을 지난 시점에서부터 상황은 급변했다. 한 번 감염 억제에 성공하는 듯이 보였던 중국의 감염 확산과 이탈리아와 스페인 등 유럽을 중심으로 감염자 수가 빠르게 늘어나며 코로나19가 세계경제 전반에 미치는 영향의 우려로 미국 주가가 급락했다. 주가 하락의 양상은 그야말로 다이브dive(붕락)

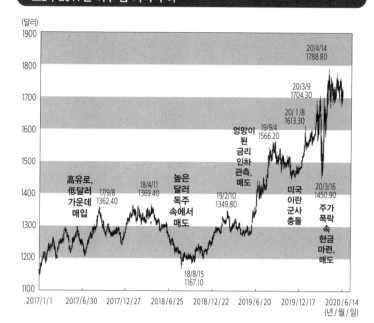

표2 | 2017년 이후 금 가격 추이

(달러)

- 高유로, 低달러 가운데 매입
- 17/9/8 1362.40
- 18/4/11 1369.40
- 높은 달러 독주 속에서 매도
- 18/8/15 1167.10
- 19/2/10 1349.80
- 엉망이 된 금리 인하 관측, 매도
- 19/9/4 1566.20
- 20/1/8 1613.30
- 20/3/9 1704.30
- 20/4/14 1788.80
- 미국 이란 군사 충돌
- 20/3/16 1450.90
- 주가 폭락 속 현금 마련, 매도

2017/1/1　2017/6/30　2017/12/27　2018/6/25　2018/12/22　2019/6/20　2019/12/17　2020/6/14

(년/월/일)

그 자체로, 자율적인 반발 국면도 없이 과거의 하락폭 기록을 갱신하며 곤두박질쳤다.

3월 16일 뉴욕 다우지수는 하루만에 2,997달러라는 사상 최대 하락폭을 기록했다. 이날 장전 FRB가 1%의 긴급금리 인하와 7,000억 달러의 양적완화를 발표했으나, 전혀 흐름을 바꿀 수 없었다.

일련의 흐름 속에서 뉴욕 다우지수는 종가 기준 2월 12일의 과거 최고치 2만 9,551달러에서 3월 23일의 1만 8,591달러로 한 달 남짓한 새 37%의 하락을 기록했는데, 그 과정에서 금시장도 크게 흔들리게 되었다.

주식시장 대폭락 리스크 오프 환경 속에서 매수된 금 가격은 크게 상승했다. 3월 9일에 일시적으로 2012년 10월 이후 7년 만에 1,700달러대에 올랐다(1704.3달러). 그러나 다음 날 이후 주가 하락이 더더욱 가속화되자 금시장은 일변하여 매도가 늘어, 뉴욕 다우지수가 과거 최대 하락폭을 기록한 3월 16일, 금은 한때 1,450.9달러까지 추락했다.(앞의 〈표2〉 참조) 7년 만의 최고가를 기록한 지 얼마 안 된 5영업일 후의 일이었다.

이날의 종가는 1,486.5달러로, 3월 9일의 최고가와 비교한 낙차는 253달러였다. 금도 주식의 폭락에 휩쓸리게 되었다. 비슷한 시기에 안전자산으로 평가받는 미국 국채도 매도되고 있었다.

금 가격 하락의 배경에는 주식시장의 폭락으로 손실이 불어난 펀드의 동향이 얽혀 있었다. 펀드는 거래를 청산하거나 유지하기 위한 자본출자(마진콜, 추가증거금)의 압박을 받는다. 자금 변통을 위해 이익을 내고 있는 금이나 미국 국채를 환매하는데, 이를 캐시아웃(현금화)이라 한다. 이때는 그야말로 궁지에 몰린 투자가가 '팔고 싶은 것을 파는 게 아니라 팔릴 만한 것을 파는You don't sell what yo want, you sell what you can' 상황이었다.

리먼 쇼크 직후에도 똑같이 금시장에 캐시아웃은 있었다. 그러나 이번과는 시세의 시간축이 달랐다. 리먼 쇼크 당시에는 2주에 걸쳐 간헐적으로 환매가 이어졌으나 이번에는 5영업일에 집중되었다. 그 후 금은 급격히 제 가격으로 돌아왔지만, 돌아오는 그 국면에서도 펀드 포션(거래)을 중지하는 움직임은 계속되었다.

미국 상품선물거래위원회CFTC가 선물시장 투기세력(펀드)의 포지션을 매주 말에 공표하는데, 2월 18일에서 3월 24일의 추이를 보면 이 사이에 매수(롱)는 중량 환산상 280톤으로, 22%나 감소했다. 포지션이 이만큼이나 움직이면 시세 변동은 심해질 수밖에 없다.

이때를 기점으로 뉴욕 금 선물시장에서 펀드의 움직임은 가라앉았다. 그 후에도 6월 하순에 이르기까지 펀드는 포지션을 떨어뜨리며 관망세에 들어가 크게 움직이지 않았다.

6월 16일 시점에서 펀드 매수 잔고는 698톤. 정점일 때인 2월 18일에 비해 402톤, 즉 37%의 감소세를 보였다. 시세 환경에 따라 다르겠으나 1,000톤을 넘으면 '과잉 매수'를 암시한다고 하니, 6월 16일 시점에서 펀드에는 매수 여력이 생겼다고 할 수 있다.(단, 시장 참가자의 구성이나 시장 규모 확대 등으로 예측 기준도 바뀌기 때문에 필자는 시장 환경 등을 보고 종합적인 판단을 내리고 있다.)

여기서 하나 더 짚어두고 싶은 점이 있다. 2019년 이후, 과거 최고치를 갱신해온 미국 주가 상승 시세에서, 시장 참가자 중 과열을 우려하는 경향이 많았다. 특히 2019년 가을 이후 극단적인 강세 전망의 주가 상승 가운데 '만일 주가가 하락했을 때를 위해'라는 헤지 목적으로 금이 매입되었다. 이는 주식을 사려는 동시에 금도 사려는 움직임이 있었다는 뜻이다. 즉, 뉴욕 금 선물시장에서는 금 매입자가 주식시장에서의 매입자가 되어 있었다.

이는 펀드 중에 금의 선물 포지션을 가짐으로써 주가 급락시의 보험을 들어둔 곳이 있었다는 뜻이다. 일반적으로는 미국 주가와 달러 표시 금 가격은 가격 변동이 반대로 움직인다고 보는데, 주가 급등 혹은 주가 하락과 같은 방향으로 움직이는 사례가 2019년 이후 늘어난 이유는 이 때문이다.

금뿐만 아니라 미국 국채 매입도 같은 이유를 들 수 있다. 보험으로 비유하자면 사고가 일어났을 때의 '대비책'으로, 금과 미국 국채를 사두었다가 이번 위기 속에서 그것들을 팔아 상황을 이겨낸 펀드도 많은 것으로 보인다.

3월 16일 이후의 금시장은 빠르게 가격을 되찾았다. 혼란 속에서 달러 현금이 필요한 투자가(펀드)가 다 팔아버렸다고 보이면서 다음 주에는 1,700달러에 근접하게 복귀, 4월에 들어서자 안정적으로 1,700달러대 기준을 유지하게 되었다.

대표적인 상황은 금융위기지만, 위기가 극한까지 달하는 상황이 되면 금도 팔릴 때가 있다는 점을 깊이 명심하길 바란다.

현금이 필요한 사람이나 투자가가 어쩔 수 없이 현금화 매각을 하기 때문이다.

다만 필요한 현금을 확보하기 위한 물량을 다 팔고 나면, 이번에는 위기 때문에 금을 찾는 사람이 늘어나기 때문에 금 가격이 다시 오르는 사례가 많다. 이번 코로나19 쇼크에서도 비슷한 움직임이 나타나고 있다.

참고: 2019년 12월 3일 《시사통신사》 기사

[2020년, 연간 전망]
뉴욕 금, 미국 주가 수정에 따른 경기 우려 등의 영향으로 상승

2019년 뉴욕 금 선물시장 가격은 연방준비제도이사회FRB가 금융완화로 전환한 후 대폭 상승했다. 금융, 귀금속 애널리스트 가메이 고타로는 2020년에 대해 '고수위 미국 주가가 수정 국면을 맞음으로써 경기에 대한 우려가 고조, FRB의 금융정책에도 영향을 미칠 것'이라고 예상했다. 그러한 상황 속에서 뉴욕 금은 오름세를 타 '연초 상정한 1,500달러 전후에서 1,700달러까지 기준가를 절상, 상황에 따라서는 1,800달러에 육박할 가능성도 있다'고 전망했다.

주목할 요소는 무엇인가

먼저 FRB의 금융정책을 주시해야 한다. 2019년은 예방 차원의 금리 인하를 세 차례 단행했다. 정책금리 기준이 과거 금리 인하 국면에 비해 낮고, 경기가 악화된 후의 반응을 보고 난 다음에 나서면 늦을 우려가 있다는 것이 그 이유이다.

FRB는 12월 미국 연방공개시장위원회FOMC에서 정책금리 유지를 결정해 현재의 금리 기준을 유지하는 움직임을 시사했다. 단, 경제 앞날의 불투명함은 그대로라, 추가 금리 인하를 피할 수 없게 될 여지가 충분하다.

경기 리스크를 어떻게 보는가

2019년 금리 인하는 경기 확장기의 연속 정책금리 인하이며, 주식시장에는 반등의 요인으로 작용했다. 실제로도 미국 주가 상승과 연결되어 있다. 높은 기준의 주가가 수정 국면을 맞이하면 경기에 대한 우려가 높아져 FRB의 금융정책에도 영향을 끼친다. 주식시장의 혼란은 커다란 파란의 요인이 된다.

경기 확대의 끝을 가늠하려면 고용 증가 속도를 살펴봐야 한다. 고용 증가가 둔화되면 실업률 상승으로 이어져 경기를 밑받침하는 개인소비에 악영향을 미치기 때문이다.

2020년의 거래 레인지에 대해

연초 상정한 1,500달러 전후에서 1,700달러까지 기준가가 올라가고, 상황에 따라서는 1,800달러 직전까지 갈 가능성도 있다. 또, 미·중 양쪽 정부에 의한 기존의 관세 철폐가 확대되는 경우, 뉴욕 금은 답보 상태에서 그치지 않고 기준가를 올릴 수도 있을 것이다. 어느 쪽이든 변동률이 커질 것이다.

다른 요소는

미·중을 둘러싼 문제는 제자리걸음이다. 양국의 다툼은 경제 분야뿐만 아닌 군사 패권도 포함하고 있어, 그 자체가 지정학적 리스크라 할 수 있다.

금은 인플레이션에 강하고
디플레이션에 약하다?

지정학적 리스크나 경제 위기 시에 강하다

달러나 파운드, 엔과 같은 개별 통화의 발행처는 중앙은행이지만 금은 발행처가 없다. 때문에 '무국적통화'라고 불리기도 한다.

금은 신용 리스크가 없는 자산이기 때문에 포트폴리오상 리스크 분산 수단으로써 전 세계에서 연금기금 등의 기관 투자가들이 주로 보유하고 있다.

다른 금융상품은 발행처의 신용도에 따라 가치가 크게 변하지만, 존재 자체로 가치를 인정받는 금은 누군가의 신용도에 따라 가치가 좌우되지 않는다. 발행처가 없기 때문에 누구의 책임(부채)도 없어, 신용 리스크가 없는 자산이라고 할 수 있다. 더불어 파산과는 무관한 자산이며, 재발행이 불가능한 자산이기도 하다. 재질상 지폐처럼 불에 타지도 않는다.

이러한 특성 때문에 국제 정세가 불안하거나 심한 주가 변동 등 금융시장에 동요가 퍼질 때 금은 자금 도피처로서 유용한 역할을 하며, 상당한 경우 가격이 오르기도 한다.

역사를 되짚어봤을 때, 전란 때마다 매입되었다는 점에서 '위기 시의 금'이라고도 불린다. 현재에 대입한다면 '지정학적 리스크나 경제 위기 시에 강한 금'이 되겠다. '마지막 은신처'라는 별칭도 있다.

금의 강점과 약점

|

발행처가 없는 데다가 신용 리스크가 없는 금에도 단점은 있다. 금리가 없다는 것이다. 때문에 금리 상승에도 약하다. 특히 기축통화인 미국 달러화 금리가 상승세를 타면 매도되는 경향이 있다.

또 앞서 다뤘듯이 달러 가치를 뒷받침하는 역할로 이용된다는 점에서, 달러 금 가격은 외환시장에서 달러 강약과 반대 시세로 움직이기 쉽다. 달러가 강하면 금은 약하다(싸다). 반대로 달러가 약하면 금은 비싸지는 경향이 있다.

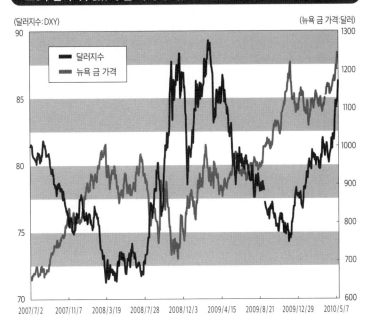

표3 | 달러지수DXY와 금 가격 추이(리먼 쇼크 전후의 움직임)

(달러지수:DXY)

(뉴욕 금 가격:달러)

- 달러지수
- 뉴욕 금 가격

여기서 말하는 금은 달러화 금 가격을 말한다. 일반적으로 금 시장에서 달러 시세의 강약을 볼 때 이용되는 것이 달러지수DXY 다.(〈표3〉) 이는 6개 주요 통화에 대한 달러의 종합적 가치를 표시한 것으로, 지수 자체가 뉴욕의 ICE Futures에 상장되어 거래되고 있다.

주요 통화는 유로, 엔, 파운드, 캐나다 달러, 스웨덴 크로나로 이루어져 있다. 유로 구성 비율이 높기 때문에 유로 달러에 쉽게 반응한다. 달러화 금 가격과 DXY는 역상관성이 있는 것으로 간주되는 경향이 있다.

또한 금은 실물자산, 즉 물건이기 때문에 통화가치가 지속적으로 떨어지는 인플레이션에 강하다. 그렇게 언급되게 된 이유는 1970년대에 있었던 일 때문이다. 당시 중동 산유국의 공급 제한으로 원유 기준가가 크게 상승해 세계적으로 고髙인플레이션이 일어났는데, 그때 금 가격이 눈에 띄게 오른 데서 유래된 말이다.

1970년대의 미국은 연율 두 자릿수의 인플레이션이 일어나, 1980년대 FRB의 정책금리는 15~20%에 달할 정도였다. 이러한 고髙인플레이션 시대에 금 가격은 상승했다.

국제 정치가 불안정해진 까닭도 있어, 1979~1980년 사이에 금 가격은 더욱 급등하여 850달러를 기록했다. 이는 당시 최고가이다.(참고로 당시의 이 최고가를 넘어선 때가 2008년 1월 이후였다)

비정상적인 인플레이션 환경 속에서 금의 상승은 세계에 강한 인상을 심어주었다. 금은 인플레이션에 강한(가격이 쉽게 뛰는) 자산이라고 인식되었다. 이때부터 인플레이션에 강한 금이라는 말이 정착되었다고 한다. 무엇보다도 기축통화인 달러 발행국에서 일어난 강렬한 인플레이션은 달러 가치의 급격한 하락을 동반하기도 했다. 당시 통화에 대해 사람들이 불안을 느끼고 금을 사들인 것은 당연한 일이라고 할 수 있다.

코로나19 쇼크가 불러온 세계적인 디플레이션

|

투자 상품으로서 금의 특성을 알아둔 다음, 지금 이후의 시장 환경에 대해 이야기해보자.

2020년 1월부터 중국 우한을 중심으로 신종 코로나 바이러스 환자가 증가하며 감염 억제를 위해 동시다발적으로 전 세계 사람들의 활동이 규제되었다. 이로 인해 세계 경제 기능은 멈췄고, 경기는 나락으로 떨어지게 되었다. 무엇보다 감염을 막기 위한 제재였으므로 치료법이 확립돼 백신이 개발되면 원래대로 돌아갈 것이라는 기대감이 그나마 작은 위로가 되었다.

2020년 4월 이후에 발표된 경제 관련 각종 데이터는 통계 개시 이후의 저하나 악화를 나타냈다. 당초에는 불과 2~3개월 전과는 완전히 다른 낙차가 쇼크로 다가왔다. 그러나 각종 데이터가 모두 리먼 쇼크 때 이상의 침체를 보이니 받아들이는 쪽에도 어느 정도 적응이 됐는지, 생각했던 것보다 훨씬 더 나쁘겠거니 하다가도 발표된 숫자를 보고 그러면 그렇지, 하며 고개를 끄덕이는 패턴이 이어졌다. 경제 활동이 멈췄으니 나쁜 게 당연하다는 인식이 생겨난 것이다.

금은 인플레이션에 강하다고 했으나, 이 와중에 2020년 4월의 미국 소비자 물가 지수CPI는 전월 대비 마이너스 0.8%로, 눈에 띄게 하락했다. 이 숫자는 리먼 쇼크 후인 2008년 12월 경기 후퇴기 이래 가장 큰 침체였다.

전년 같은 달 대비로는 0.3% 상승이었지만 애당초 2% 정도의 상승은 경제에서 이른바 정상 체온이라고 불린다. 즉, 이 숫자는 인간의 몸에 빗대면 저체온증이라고 표현할 수 있는 것이다. 코어(변동이 큰 식품과 에너지를 제외한)지수는 0.4% 하락했는데, 이는 1957년 통계를 시작한 이후 최대 침체였다.

코로나19의 폭발적 감염 확산을 막기 위해 경제 활동을 일제히 중지시켜 서든 데스sudden death(돌연사) 상태를 의도적으로 만든 만큼 물가 하락은 당연했다. 그러나 기업이나 그곳에서 일하는 사람들이 서든 데스 상태가 되어버린 것은 주객전도 격인 데다가, 부활도 불가능했다. 따라서 충분한 도움을 줄 필요가 있었다.

이를 위해 2020년 6월 이후 금융재정은 풀가동 상태다. 미국에서는 국민 1인당 1,200달러짜리 수표를 나누어주었다. 그 결과, 4월 개인소득은 전월 대비 10.5% 증가로 역대 최대 신장세를 기록했다. 그러나 개인지출은 전월 대비 13.6% 감소했다. 이것은 1959년 통계 개시 이후 최대 침체다.

개인은 불필요한 소비를 자제하고 있다. 이런 경향은 도시봉쇄 해제 이후에도 이어질 것이다. 미국 경제의 약 70%를 차지하고 있는 개인소비. 개인이 소비를 자제하는 자세는 그대로 디플레이션이 진행될 것임을 예상케 한다.

다양한 분야에서 수요가 한꺼번에 사라진 상황인 터라 디플레이션 경향 고조는 예상했던 일이지만, 문제는 장기화와 심화를 막아야 한다는 데 있었다. 기업의 매출 감소, 이익 축소, 임금 감소, 수요의 꾸준한 감퇴 같은 순환 등 소위 말하는 디플레이션 악순환에 빠지면, 이는 다름 아닌 공황의 입구로 향하고 있음을 뜻하기 때문이었다.

버블화될 요소를 가장 잘 갖추고 있는 금

|

이러한 디플레이션 환경 아래 금 가격은 어떻게 될까? 그 전에 금의 타당 가격이란 무엇인지에 대해 이야기해보자.

금은 인플레이션에 강하기 때문에 디플레이션 환경에서는 상승이 어렵다. 아니, 오히려 하락하기 쉽다는 의견이 지배적이다. 그래서 실질금리(인플레이션율을 더한 금리)로 금이 비교적 비싼지 저렴한지 판단하려는 시도가 있어왔다.

실물자산인 데다가 금리도 배당도 없는 금은 주식처럼 페어밸류(타당한 가격)를 요하는 기준이 없다. 굳이 꼽자면 산금産金코스트 정도이다.

지금 수중에 있는 자료에는 2018년 시점 세계의 산금 코스트 평균치가 1트로이온스(31.1035그램)당 897달러로 책정되어 있다. 물론, 국가별 혹은 개별 광산 코스트는 저마다 다르다. 1,100달러대인 곳도 있는가 하면 500~600달러대인 곳이 있다. 2020년 6월의 뉴욕 금 평균 가격은 1,743달러였으므로, 광산 회사는 돈을 좀 벌었을 것이다. 그렇다면 이 가격은 타당한 것일까?

나는 실질금리나 달러지수DXY 등으로 현재 금 가격이 비싼지 저렴한지를 판단하려는 시도를 부정하거나 틀렸다고 생각지는 않는다. 다만, 이들은 여러 판단 요소 중 하나에 지나지 않는다고 생각한다.

애당초 금 수요의 양대 대국은 인도와 중국인데, 많을 때는 두 나라가 연간 합계 2만 톤 이상의 금을 구입한 적이 있다.(2013년) 대다수의 인도, 중국 사람들은 실질금리 등에 대한 인식이 없고, 관심도 없다. 그저 금을 갖고 싶어서 사는 것이다.

현물 금을 보유하고 있으면 금이 돈을 불러 부자가 될 수 있다는 말이 있다. 손에 들면 묵직한 무게가 느껴지는 실물자산인 금에는 이러한 정서적 가치가 있다.

이러한 가치는 값을 매길 수 없지만, 종합적으로 봤을 때 일상적인 시장 거래에서 매겨지는 가격으로 표시되는 '시장 가치Market Value'에는 반영되고 있다고 여겨진다. 인간 심리상 앞날을 예측하기 어려운 지금과 같은 불안정한 시대에는, 분명한 존재로서의 '금'을 보유하려는 욕구가 강하다.

예전에는 '종잇조각이 되지 않는 자산'이라는 표현도 있었지만, 지금은 주식도 채권도 투자신탁도 문서화조차 되지 않고 그저 전자기호화되어 등록된 상태이다. 그럼에도 불구하고 실물 자산으로서의 금은 점점 더 존재감이 커져가고 있다.

그러한 존재인 금 가격을 다른 자산처럼 수치화해 이해하려는 시도를 부정하지는 않겠다. 헤지펀드 등 알고리즘(AI컴퓨터 거래 프로그램)에 적용되어 있는 것도 사실이다.

그러나 그런 프로그램이 때로는 커다란 손실을 낳기도 할 때가 있는 것이 금시장이며, 금 투자의 재미있는 점이기도 하다.

이처럼 타당 가격을 추정하기 어려운 데다가 센티멘트, 즉 시장에서 투자가의 심리에 따라 과대평가 혹은 과소평가를 받을 수 있는 요소를 지니고 있는 점도 금의 특징이라 할 수 있다. 간단하게 말하자면 버블화될 요소를 잘 갖추고 있는 자산이 금이라고 볼 수 있다.

금의 타당 가격

|

그때그때의 가격 기준을 판단하는 요소로서 금의 타당 가격은 시장이 만든다는 점도 어느 정도 인정한다. 바꾸어 말하면, 실수요가 기반하여 균형을 잡는 균형점이 그 시대 금의 타당 가격

이라는 식으로 본다는 이야기다.

금 가격이 눈에 띄게 상승하는 국면은 투자머니가 주도하고 있는 흐름이라 할 수 있다. 반면 인도나 중국 등 실수요라 불리는 현물 수요는 이러한 재빠른 상승에 따라갈 수 없어 매입을 보류한다.

상승은 투자머니가 주도하는, 이른바 독무대다. 자금 회전이 유효한 동안에는 괜찮지만 막히면 급락도 쉽다. 그래서 일정 가격대에 머무는 기간을 본다. 그때그때의 금융환경이나 국제 정치 정세, 또 실수요 동향 등의 조건하에서 '시장이 받아들인 가격'이라고 표현할 수도 있다. 그것이 그 금융환경에서의 타당 가격이라 할 수 있다.

시세 국면을 나타내는 표현에 '가격 굳히기'라는 말이 있다. 이는 시간축으로 판단하는 표현인데, 문제는 이 기준이 되는 기간이 어느 정도인지가 애매하다.

경험상 과거 3~6개월의 평균치를 기준치로 보는 편이다. 오른 기준가에 실수요자들이 익숙해져, 매매가 부활하는 기준가를 시장이 받아들인 가격대라고 이해하는 식이다.

그러나 이것은 평시 때의 이야기이다. 금시장은 2019년 이후 이미 평시를 벗어난 터라 환경 자체가 달라졌다.

때문에 실수요 동향의 소재성이 떨어져 있다. 즉, 금시장이 실수요 규모를 훨씬 웃도는 돈의 격류 속에 놓인 탓에 시장이 가격을 받아들이는 데 중요한 요소가 되는 중국과 인도의 실수 요자 영향력이 낮아진 상태다.

금은 정말 디플레이션에 약할까?

|

잠시 삼천포로 빠졌는데, 다시 원래 하려던 이야기로 돌아오자. 인플레이션에 강한 금은 디플레이션 경제에서는 어떨까. 물가가 계속해서 떨어지는 디플레이션 상황은 경제가 수축하고 있는 상태를 의미하는데, 미국 FRB를 필두로 세계 중앙은행이 인플레이션 이상으로 기피하는 경제 상황이라고 할 수 있다. 한편, 디플레이션 상황에서도 수입이 유지되고 일정 자산을 가지고 있다면, 물가나 서비스 가격이 낮아지니 오히려 좋은 환경이라 할 수 있겠다.

그러나 장기화로 가면 그 정도에서 끝나지 않는다. 디플레이션 경제란 경기가 좋지 않다는 뜻이므로 기업의 수익은 낮아지고 당연히 연봉도 오르지 않는다. 정부의 세수도 줄어 의료나 사회보장 등의 예산도 깎이면서 행정 서비스의 질도 떨어진다.

이러한 흐름은 상호작용으로 인해 서로 영향을 끼치며, 생산도 소비도 빠르게 악화 일변도를 걷는다.

이를 물가하락deflationary spiral이라고 하는데, 이렇게 되면 주가도 부동산 가격도 하락해 경기 후퇴가 가속화된다. 그래도 빚은 줄지 않기 때문에 변제 부담이 커져 개인이든 기업이든 파산이 늘어나게 된다. 불량채권이 늘고, 금융기관의 밸런스 시트는 악화된다. 은행이 대출을 꺼리고 억지로 자금을 회수하려는 움직임이 늘어나는 것도 이럴 때다. 안전자산으로서의 금은 잘 팔리는 한편, 주식을 비롯한 자산 가격은 값이 상승, 자산 디플레이션이 발생한다.

당연히 정부도 중앙은행도 손을 놓고 있지는 않는다. 미국을 예로 들면, 2008년 리먼 쇼크 후의 흐름이 딱 이러했다. FRB는 정책금리를 0%까지 끌어내리고 시장에 도는 국채 등의 자산을 매입하여 양적완화에 나서 디플레이션의 심화를 막고자 했다.

국채 매입에 쓴 자금은 새로 발행했다. 즉, 돈다발을 찍어냈다는 뜻이다. 신규 유입 자금의 격류 속에서 바닥을 치던 주식 시장이 반등하고, 그 상황에서 금 가격도 상승했다. 그때 미국의 소비자 물가지수는 전년도 대비 마이너스 상태였다.

건전한 경제 발전을 위해서는 2% 정도의 인플레이션이 바람직하다는 사실은 FRB를 비롯한 주요 중앙은행의 공통 인식이지만, 반대로 디플레이션을 향한 경계는 매우 강하다. 그래서 경제의 디플레이션 경향이 강해지면 금리를 인하해 통화공급을 한꺼번에 끌어올린다.

이것이 실물자산이면서 금리를 낳지 않는 금에는 강세로 작용하고, 통화의 증발은 통화가치를 희석시키므로 이 점에서도 금 가격 상승 요인이 된다. 인플레이션에 강한 금은 디플레이션 에도 강하다.

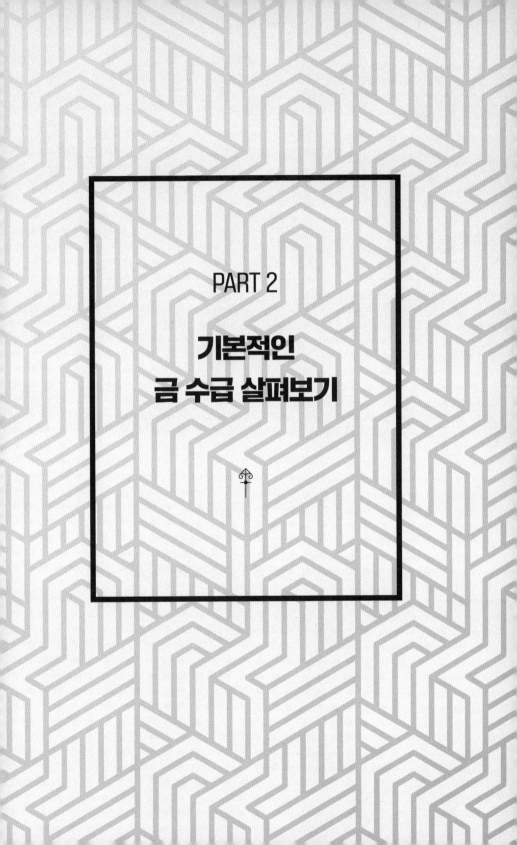

PART 2

기본적인
금 수급 살펴보기

유사 이래 채굴한 금,
20만 톤

더 이상 찍어낼 수 없는 금

코로나19 감염 확산을 막기 위해 외출 제한 등의 경제활동 규제를 실시해 미국 전역에서 거의 동시에 경제 활동이 멈췄고, 주식시장도 쇼크 상태에 빠졌다.

이런 사태를 내버려두면 자금줄이 막혀 경기는 곤두박질치게 된다. 지난 2020년 3월 주가 급락에서 알 수 있듯 경제 침체의 진행 속도는 매우 빨랐다. 그만큼 거액의 자금을 한꺼번에 투입할 필요가 있었다.

주가 대폭락을 겪은 2020년 3월 4일부터 5월 3일까지 불과 두 달 사이에 FRB의 보유자산(밸런스 시트)은 2조 9,237억 달러(약 3,300조 원)나 증가했다. 이는 FRB가 금융기관 등이 보유한 미국 국채나 주택담보대출을 담보로 한 채권MBS을 매입해 시장에 달러 자금을 투입함으로써 시장의 혼란을 줄이려 한 결과였다.

채권 매입에 충당하는 달러는 새로 찍는다. 이후에도 대량의 자금이 투입되었다는 사실이 사태의 심각성을 말해준다.

중앙은행의 자산 매입은 통상 '양적완화'로 불린다. 일본은행도 그때까지 연 80조 엔 매입을 목표로 삼았으나, FRB는 불과 두 달 만에 그 4배에 달하는 달러 지폐를 찍어내 시장에 쏟아부었다.

1971년 8월까지 달러는 금으로 교환 가치를 보장함으로써 전 세계에서 통용되고 있었다. 이전에는 달러의 발행량이 FRB의 금 보유량에 이론적으로 제한되고 있었다. 달러 공급에는 금의 규제가 있었던 셈이다.

그 제도가 50년 전에 폐지되면서 FRB는 임기응변으로 달러를 공급할 수 있게 되어 이번 금융위기에도 과감하게 대응할 수 있었다.

한편 금의 2019년 세계 광산생산량은 WGC 조사 기준으로 3,463톤이었다. 이는 시가로 따지면 약 200조 원이다. 전 세계 광산 업체가 1년에 걸쳐 생산해내는 금은 200조 원에 불과하고, 코로나19 사태로 증가한 FRB의 보유자산과 비교해도 고작

16분의 1정도에 지나지 않는다.

그럼에도 불구하고 FRB가 석 달간 공급한 3,200조 원이라는 액수는 몹시 크다. 발행량 급증과 함께 달러 가치는 약해졌다. 그러나 금은 지폐처럼 찍어내듯이 발행할 수가 없다. 금융 세계의 비대화는 그저 놀라울 따름이지만, 세계에 존재하는 금 절대량의 시가총액은 급팽창하는 금융시장 규모와 비교하면 점점 줄고 있는 것만은 확실하다.

이것은 실제로도 금의 가치가 올라가고 있음을 의미한다.

금의 총량은 한 변 21.7미터의 정육면체

|

애당초 전 세계에서 지금까지 채굴한 금의 총량(지상재고라고 부른다)는 어느 정도일까?

예로부터 금시장 조사로 WGC가 공표한 금속 컨설팅 기초자료에 따르면, 2020년 말 기준 금의 총량은 19만 7,500톤이다. 이 중 3분의 2는 1950년 이후에 채굴되었다. 최근 생산이 늘어난 주요 요인은 광맥 탐사와 채굴 기술의 발달이다. 이 금은 약 20만 톤으로, 크기로 표시하면 한 변 21.7미터의 정육면체가 된다.(〈표4〉)

금의 수요는 주로 보석 장신구, 중앙은행 등의 공적 수요, 민

표4 | 금 지상재고(유사이래 발굴된 금의 총량)

지상재고 총량 19만 7,500톤(2020년 2월)

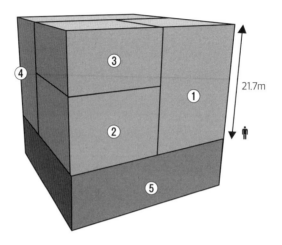

21.7m

금의 비중(19.3)으로 미루어 보면 지구상에 존재하는
금의 총량은 1변 21.7미터 정육면체가 된다.

내역

①	보석류	9만 2,900톤
②	민간투자	4만 2,600톤
③	중앙은행 등 공적기관	3만 3,900톤
④	공예품 외	2만 8,100톤
⑤	추정 매장량	5만 4,000톤

(자료: WGC, 미 지질학연구소)

간투자, 산업용 등 크게 네 가지로 분류된다. 항목별 내역은 보석 장신구가 9만 2,900톤, 민간투자가 4만 2,600톤, 중앙은행 등 공적기관 보유분이 3만 3,900톤, 그 외 공예품 등이 2만 8,100톤이다. 대부분을 장신구가 차지하고 있으며 22%가 민간투자, 17%가 공적 보유지만 이러한 비율은 시대의 흐름 속에서 변하고 있다.

20여 년 전인 1999년 통계에서는 전체가 14만 톤인데 비해 장신구가 48%(6만 7,200톤), 민간투자는 18%(2만 5,200톤)에 불과했다. 또한, 민간투자보다 중앙은행의 지분이 21%로 높았다. 2010년은 총 16만 8,300톤 중 장신구가 50%인 8만 4,000톤, 민간투자가 19%인 3만 1,200톤, 중앙은행이 17%인 2만 8,900톤이었다. 어느 해든 공예품 비율은 눈에 띄는 변화를 보이지 않았다.

과거 20년의 투자 흐름을 보면, 전체에서 차지하는 민간투자 비율의 상승이 눈에 띈다. 절대량도 2만 5,200톤에서 4만 2,600톤으로 대폭 증가했다. 중앙은행 보유분은 전반 10년 동안은 감소했고 후반 10년 동안은 증가했다.

민간투자 수요가 증가한 이유는 2004년 11월에 뉴욕 증권거래소에서 금 현물만을 운용하는 금 ETFExchange Traded Fund가 상장되어 금융시장에서 금시장으로 투자가 쉬워졌기 때문이다.(〈표5〉) 그 후 개인 투자자들이 가세하면서 연금기금이나 각

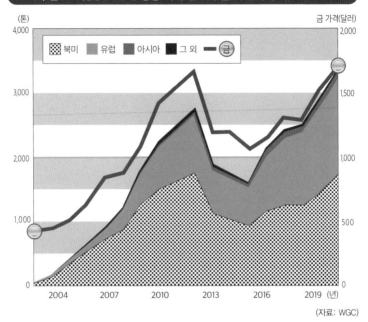

표5 | 금 ETF(상장투자신탁) 상장 이래 잔고와 금 가격의 추이

(톤)　　　　　　　　　　　　　　　　　　　　　　金 가격(달러)

4,000　　　　　　　　　　　　　　　　　　　　　　2,000

▨ 북미　▨ 유럽　▨ 아시아　■ 그 외　━ 金

3,000　　　　　　　　　　　　　　　　　　　　　　1,500

2,000　　　　　　　　　　　　　　　　　　　　　　1,000

1,000　　　　　　　　　　　　　　　　　　　　　　500

0　　　　　　　　　　　　　　　　　　　　　　　　0

2004　2007　2010　2013　2016　2019 (년)

(자료: WGC)

국 정부펀드SWF, 헤지펀드 같은 기관투자가의 운용자금이 금 시장에 흘러들어 민간투자 비율이 높아졌다.

한편, 중앙은행 비율이 지난 10년 동안 낮아진 이유는 외화준비의 일부로 금을 보유하던 중앙은행이 금리를 창출하는 상품으로 자산을 전환하기 위해 매각을 진행하여 주요국 국채로 갈아타는 움직임을 보였기 때문이다.

그러나 2008년 가을 리먼 쇼크가 터지고, 그 후의 국제금융위기로 인해 금이 안전자산으로 재평가 받기 시작했다. 그로 인해 중국이나 러시아 등 신흥국 중앙은행에서 금 매입이 증가하며 요즘 민간투자 비율 역시 다시 올라가고 있다.

일본의 개인 금융 자산보다 적은 금의 시가총액

미가공 금 기준으로 현존하는 금은 19만 7,500톤. 1그램당 한화 기준 6만 원선으로 시가총액은 1경 1,850조 원이다. 막대한 금액이라고 생각할 수도 있겠으나, 앞서 다뤘던 FRB의 자산 증가와 비교해도 알 수 있듯이 세계 금융시장 규모에 비하면 극히 적은 수치이다.

일본은행이 발표하는 자금순환 통계에 의하면, 2019년 3월 말 시점의 일본 개인 금융 자산은 1,835조 엔(한화, 약 1경 8,350조 원)이나 된다. 이 숫자는 역대 최고치를 갱신하고 있다.

유사 이래 채굴해낸 금은 시가 기준으로 그 60%에 불과하다. 내역상으로도 현금·예금이 978조 엔(약 9,780조 원)으로, 이는 개인 금융 자산의 20%를 웃도는 수준에 지나지 않는다. 덧붙여 같은 일본은행의 수치로 본 미국 개인 금융 자산의 총액은 88.9조 달러(약 1,350조 원), 유럽권은 24.5조 유로(약 3경 2,340조 원)이다. 민간부문의 투자수요가 눈에 띄게 확대된 2000년 이후에는 이러한 자금 중 일부가 금시장에 유입됨으로써 금 가격이 상승한 것으로 나타났다.

현재 약 20만 톤의 금이 존재하지만, 원유나 곡물처럼 소비되어 없어지는 재화와 다르게 장신구로 만들어도, 금덩이나 금화로 만들어도 영원히 남는다. 따라서 그 일부가 환금 매도로 시장에 다시 흘러들어 와 수급에 영향을 주게 된다.

매년 생산되는, 지하에 잠들어 있는 금이 아닌 이미 캐낸 금을 '지상재고'라 표현하는 이유는 수급 자료에서는 한번 구매했다가 환매로 시장에 다시 흘러들어 오는 금제품 등을 '리사이클(재생금)'이라 부르며 따로 집계하고 있어서이다.

앞으로 금은 얼마나 캐낼 수 있을까. 이를 '추정 매장량'이라고 하는데, 그 숫자는 5만 4,000톤이라 한다. 미국 정부 조직인 미국지질조사소USGS, United States Geological Survey가 제시한 수치로, 이미 20년 전에 7만 2,000톤으로 추정하고 있었다.

채굴과 공급면에서 본
금 가격

11년 만에 감소한 광산 생산

금 기초수급의 최대 항목인 광산 생산을 살펴보자. WGC 런던 본부가 발표한 2019년의 금 수급 통계에서, 2019년의 금 광산 생산은 3,463톤으로 전년도 대비 1% 감소했다. 전년도 대비, 마이너스가 된 경우는 2008년 이후 11년 만의 일이다.(〈표6〉)

전 세계 광산 회사가 생산하는 금의 양은 과거 10년 동안 수십 톤 정도의 증가세를 계속 이어갔으나, 최근 5년 동안은 3,300~3,500톤 사이에서 제자리걸음 중이다.

달러 표시 금 가격은 국제금융위기 속에서 과거 최고치를 계속하여 갱신, 2011년에는 1,900달러를 돌파했으나 이 가격 상

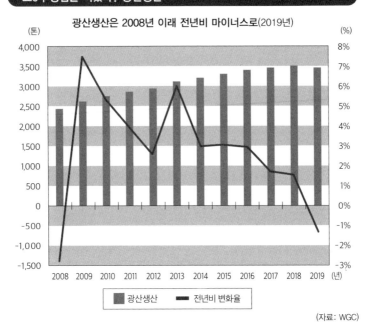

표6 | 정점을 찍었나? 광산생산

광산생산은 2008년 이래 전년비 마이너스로(2019년)

(톤)

4,000 / 8%
3,500 / 7%
3,000 / 6%
2,500 / 5%
2,000 / 4%
1,500 / 3%
1,000 / 2%
500 / 1%
0 / 0%
-500 / -1%
-1,000 / -2%
-1,500 / -3%

2008 2009 2010 2011 2012 2013 2014 2015 2016 2017 2018 2019 (년)

■ 광산생산 ▬ 전년비 변화율

(자료: WGC)

승에 자극받은 신규 광산 개발과 설비 증강이 과거 몇 년 동안
의 생산량으로 이어진 것으로 보고 있다.

되돌아보면 1980년대에 생산 규모가 단숨에 커졌는데, 이는
1970년대 후반부터 1980년에 걸친 금 가격 상승이 불러온 현상
이었다. 1980년 런던 시장 기준으로 1온스당 850달러라는, 당
시 최고가로 상징되는 가격의 급등으로 세계 각국의 금 광산 개
발이 붐을 이룬 데 따른 것이다.

이 시기에는 타 업종조차 금 채굴에 진출한다는 소문이 돌 정

도였다. 다시 설명하자면 땅을 파면 돈을 벌 수 있는 시대였던 셈이다.

금 광산의 개발은 해당 장소에 금 광맥이 있다는 사실을 알고 난 후 실제 생산이 개시될 때까지 평균적으로 5년 정도가 걸린 다고 한다. 채굴 현장은 보통 인적이 드문 곳이라 도로나 주거 설비 등 인프라 정비에 시간이 든다. 개발 전 환경오염이나 파괴를 최소화하는 방안도 필요하다.

1980년대 전반의 가격 상승에 자극을 받은 개발 붐이 어느 정도 성과를 내자, 1980년 후반에 실제 금 생산으로 이어진 셈이다. 구체적으로는 1980년에는 950톤이었던 것이 1990년에는 1,755톤으로 84%나 증가했다.

참고로 1990년 이전 구 사회주의권의 자료는 없기 때문에, 광산 생산량은 '구 유럽권'만의 자료다. 후에 나온 구 사회주의 권 수치를 더한 1990년의 생산량은 2,135톤이었다.

현재 상황을 보면 2011년의 가격 급등에 자극받아 개발 예산 이 배정되었음에도 과거 10년 동안의 증가량은 715톤으로 26% 의 신장률을 보였다. 성장세가 확실히 둔화되었다. 개발하기 쉬운 곳은 이미 다 캐냈고, 새로이 발견되는 광맥은 시베리아나 캐나다 북부 등 영구동토라 일반적인 곳보다 생산비를 더 들일 수밖에 없는 광맥이 많아, 개발 계획이 광맥의 질과 가격 동향 에 좌우되는 경우가 많다. 광산 생산 동향이 가격에 미치는 영향은, 과거 10년 동안은 전년도에 비해 증가해도 최대 100톤 정도로 거의 없다고도 할 수 있다. 금시장의 수요자 확대가 광산 생산 증가분을 쉽게 흡수할 수 있었기 때문이다. 특히, 금 현물에 기반을 둔 금 ETF(상장지수펀드)의 등장 등 금융상품화가 진행된 최근 10여 년간 금시장의 구조는 크게 바뀌었다.

1980년대까지는 가격 상승에 따른 개발 러시 이후 늘어난 생산량이 기본수급을 악화시켜 금 가격 하락으로 이어졌다. 당시는 보석 장신구 수요 비율이 높았고, 인도가 아무리 주요 수요국이라 해도 당시에는 거래 자유화가 진행되고 있었던 과도기라 유럽권 실수요만으로는 증산분을 흡수할 수 없었다. 실수요자들의 움직임에 좌우되는 만큼, 광산 생산 동향이 가격에 미치는 영향도 컸다.

금 생산국 남아프리카공화국의 추락

금의 주요 생산국도 바뀌고 있다. 일찍이 금 생산이라 하면 남아프리카공화국을 가장 먼저 언급하는 것이 상식이었다. 1970년에만 연간 1,000톤을 생산했다. 이는 당시 세계 전체 생산량의 3분의 2를 차지하는 엄청난 규모였다. 그러다 1990년 이후 계속해서 산출량이 줄더니, 1994년에는 583톤으로, 600톤 아래로 떨어졌다.

그 후로는 감소 속도도 빨라졌다. 2000년대에 들어서도 감소는 계속되었지만 그럼에도 최상위 생산국을 유지했다. 그러나 2007년에 269톤을 찍으면서 중국(280톤)에 추격당했고, 이후 지금까지 중국이 1위를 지키고 있다.

2018년 남아프리카공화국의 생산량은 123톤까지 떨어져 8위가 되었다.

이는 1886년에 요하네스버그 북쪽의 비트바테르스란트Witwatersrand에서 대금광맥이 발견된 지 100년이 훨씬 넘어 광상鑛床이 열악해지고 있다는 데 가장 큰 이유가 있다. 즉, 깊은 곳까지 파내려가야만 금광석을 캐낼 수 있게 된 것이다.

남아프리카공화국의 금 광산은 두께 50센티미터 정도의 광맥이 약 20도 기울기로 사방 수 킬로미터로 펼쳐진 특수한 구조를 띠고 있다. 남아프리카공화국에서 가장 깊은 곳을 파는 광산 회사는 앵글로골드 아샨티의 음포넹Mponeng 광산인데, 지하 4,000미터까지 갱도가 뚫려 있다.

채굴 현장에 가려면 엘리베이터를 수차례 갈아타야 하며, 현장에 도착하는 데에만 두 시간 넘게 걸린다고 한다. 광산노동자가 작업하는 시간이 점점 짧아질 수밖에 없는 이유이다.

게다가 깊이 때문에 지압이 엄청나다. 기술혁신의 결과 천장을 지탱하는 강력한 대들보가 개발되어 4,000미터까지 파낼 수 있게 되었지만, 그럼에도 낙반 사고는 여전히 일어나고 있다. 문제는 생산성인데, 채굴 비용 상승이 걸림돌이다.

참고로 이 정도로 깊이 파 내려가면 사실상 '낙반'이라기보다 단층이 어긋나 '지진'이 발생한다고 하는 편이 맞다. 10여 년 전 도쿄대학교 지진연구소 조사팀이 이곳 음포넹 광산에 관찰점을 설치해 지진 메커니즘을 연구했다. 음포넹 광산의 지하 3,545미터 지점에 센서를 설치하여 지진 발생 시의 소리를 포착하는 방식이었다. 채굴로 변형이 축적된 단층에서는 지진 발생 때 나는 '꽝' 소리가 들렸다고 한다.

이만큼 깊이 파내면 지열도 매우 높다. 갱도 안이 40~50도나 되니 아무래도 사람이 일하기는 어렵다. 그래서 환기와 함께 냉각을 위해 부순 얼음을 커다란 파이프로 땅 밑에 보내야 한다. 음포넹 광산에 한 시간마다 180톤의 얼음이 투입되는데, 그럼에도 갱 안 온도는 30도 안팎을 겨우 유지하는 수준이다.

확실히 사람이 활동할 수 있는 온도긴 하지만 역시 덥다. 녹은 물은 펌프로 항상 퍼내고 있지만 얼음물 외에 지하수 등도 있어 습도도 높다. 그냥 덥기만 한 것이 아니라 푹푹 찌는 것이 그야말로 지옥이다. 지구온난화로 여름이 되면 열사병을 경계하는데, 그러한 조건을 훨씬 뛰어넘는 가혹한 노동환경이다.

금을 채굴, 선광, 정제하는 데 드는 비용은 1온스(31.1035그램)당 달러로 표기된다. 조업 비용에다 초기 투자로 들어간 투자 감가상각분, 여기에 광구 사용량과 금융비용 등을 모두 다 더한 비용All in sustaining cost, AISC은 남아프리카공화국이 가장 높아, 2018년 기준 1,335달러에 달했다. 때문에 남아프리카공화국 광산의 이익률은 떨어지고 있으며 거기에 생산량의 지속적 감소가 이어지고 있다.

생산비용 중 절반이 노동비용으로 추정된다. 남아프리카공화국에서 전력 공급은 국영회사 에스콤Eskom이 유일하게 제공하고 있다. 그러나 이 회사는 오랜 부실 경영으로 사용처가 불분명한 자금이 드러났다. 더군다나 설비투자가 늦어져 전력 공급이 수요를 쫓아가지 못해 대규모 정전이 빈번히 발생하는 등 광산 경영뿐 아니라 국가 전반에 문제를 야기하고 있다.

이에 따라 음포넹 광산을 보유하고 있는 앵글로골드 아샨티는 남아프리카공화국 철수를 결심, 2020년 중에 남아프리카공화국의 다른 광구도 함께 매각할 계획이 있음을 밝혔다.

세계 최대 노천 채금광산(슈퍼 피트)

|

필자는 지금까지 호주의 노천 채금광산, 남아프리카공화국의 백금광산 그리고 일본 가고시마에 있는 스미토모 금속광산 소유의 금광산(히시카리 광산)에 시찰을 가본 적이 있다. 업무상 국가

별 생산 정보나 생산비용 등의 대략적인 흐름은 파악하고 있지만, 역시 백문이 불여일견이다. 광석 채굴 현장에서 신광, 쇄석으로 시작되는 정련 공정을 하나부터 열까지 샅샅이 살펴볼 기회를 얻은 진귀한 체험이었다.

여기에서는 2015년 5월에 갔던 서호주 중심 도시 퍼스에서 국내편으로 한 시간 남짓 북동쪽으로 날아간 곳에 위치한 캘굴리 볼더Kalgoorlie Boulder 시(이하 캘굴리)에 있는 거대 노천 채굴 광산에 대해 다루겠다.

서호주는 면적만 일본의 7배에 달하며 전체 면적의 90%는 사막 혹은 반사막이라 물 부족에 시달리고 있다. 그러한 사막지대에서 금, 석탄 그리고 철광석이 발견되어 자원개발을 기반으로 도시가 확장되었다는 특징을 지닌 주이기도 하다.

호주는 2018년 기준 연간 312톤을 산출하는 세계 2위의 산금국이다. 그중 약 70%가 서호주에서 산출되고 있다.

퍼스 시내에는 일본에서도 판매 중인 투자용 캥거루 금화를 주조하는 퍼스민트(조폐국)가 있다. 1899년에 영국의 로열민트(왕립조폐국)의 출장소로 설립된 이유 역시 금광맥이 발견됐기 때문이다. 캘굴리는 과거 사막에서 커다란 금덩어리(너겟)가 발견되어 골드러시가 일었던 도시이다. 방문했던 캘굴리 금광Kalgoorlie Consolidated Gold Mines은 당시 세계 1위인 금광 회사 바릭 골드(캐나다)와 2위인 뉴몬트 마이닝(미국) 등의 아시아 지역 자회사의 조업이었지만, 현재는 이 두 회사의 현지 자본 쪽으로 경영이 옮겨지고 있다.

도시 중심부에서 6킬로미터 남짓 떨어진 시가지 변두리에 인접한 곳이 LCGM사의 세계 최대 노천 광산Super Pit 피미스톤Fimiston 광구다. 1893년에 채굴을 시작해 100년 가까이 지난 1989년에, 앞서 말한 북미 대형 광산 회사 두 곳의 자본이 유입되면서 대규모 노천 채굴이 이루어지게 되었다.

어느 정도 규모가 있으리라고 상상은 했지만, 실제로 본 스케일은 놀라웠다. 수많은 광구를 바라볼 수 있는 곳에 서자 야간 조업 시(24시간 조업) 우주왕복선에서도 현장을 육안으로 확인할 수 있다고 들었던 말이 이해되었다. 길이 3.5킬로미터, 폭 1.5킬로미터. 방문했을 때에는 지표에서부터 깊이 650미터의 커다란 절구 모양의, 그야말로 거대한 골짜기였다.

나선형으로 된 광석 운반용 도로가 골짜기 밑 채굴 현장까지 뻗어 있고, 발파하여 부순 금광석을 끊임없이 최대 270톤 적재 트럭으로 실어 나른다. 이 광구에서만 1,400명이 일하고 있는데, 놀라운 점은 트럭 운전사의 40%가 여자라는 사실이다. 정부가 나서서 여성과 원주민 고용을 장려하고 있다고 한다.

이 광구는 연간 최대 80만 온스(약 24톤)의 금을 생산하는데, 의외로 광석의 금 함유량은 낮다. 광석 1톤당 함유량은 2.6그램. 함유량이 낮기로 소문난 남아프리카공화국에서도 4그램이었다

커다란 절구 모양으로 된 피미스톤 광구

는 점으로 볼 때, 상당히 낮은 수준이다.

　이 광구는 2019년에 계획을 수정하고 이후 금 가격 방침을 정하려 했다. 현 시점에서는 2026년 조업을 종료할 계획인 듯하다. 광산자원이 비용 대비 타산이 안 맞는 듯한데, 2020년 들어 상승한 금 가격이 광산의 수명을 연장해줄지는 미지수이다.

FIFO Fly In Fly out

|

하나 더 참고하고 싶은 곳은, 뉴몬트 마이닝 산하의 보딩턴

사Boddington였다. 이곳은 퍼스 시내에서 차로 두 시간 거리의 교외에 자리한 회사다. 광산이라 해도 산은 아니고, 유칼리 등이 자란 평지에 있는 노천 광산으로, 채굴 현장 규모는 KCGM사를 축소한 인상을 주지만 그럼에도 대규모 광산이라고 할 수 있는 정도다.

이곳에서는 운 좋게도 주 2회 정도 실시하는 대규모 발파 예정이 있어, 현장에서 1~2킬로미터 떨어진 육안 감시소에서 폭파 상황을 볼 수 있었다. 이런저런 이야기를 듣는 가운데 알게 된 사실은 대개 노천 채굴 광산에서는 함유량이 높은 광맥은 얕은 곳에 있어 그것들을 먼저 파낸 후 함유량이 낮은 광석을 대규모로 채굴한다는 것이다. 즉, 높은 함유량의 광맥은 일반 갱도에서 채굴하고, 그 후에 노천채굴로 변경해 초대형 덤프트럭으로 대거 실어내야만 수지 타산이 맞는다는 이야기가 인상적이었다.

양이냐 질이냐를 놓고 회사 내에서도 논란이 있다고 했다. 여기서도 광산 수명에 대해 물었는데, 당시는 '2030년 정도로 본다'고 했다. 즉, 기존 광산의 채굴은 한계가 보이는 시기에 들어섰다는 이야기이다.

요즘 종종 들리는 셰일오일이나 셰일가스처럼 수평 수직으로 채굴하여 수압 등을 가해 효율적으로 진행하면 된다고 생각하는 사람도 있을 것이다. 원래 셰일오일이나 셰일가스는 함유혈암에 있으며 액체로 뽑아낼 수 있다. 그러나 금 채굴의 경우 물리적으로 현장에 가서 캐야 하는 전통적인 노동집약형 산업이다.

광구 본부 사옥에서 조금 떨어진 곳에 거주 구역이 있기에 물어보니 종업원은 식사 등을 제공받으며 이곳에서 지내다가 주말에는 도심에 살고 있는 가족들에게 돌아간다고 했다.

하기야 주변은 불그죽죽한 대지와 좀 떨어진 곳에 자리한 유칼리나무 숲 외엔 아무것도 없었다. 통근은 불가능하니 기숙사 거주를 하는 게 낫다. 사실 퍼스 시내에서 두 시간이라고 했지만 반대 차선에서 오는 차도 거의 없어 고속도로를 달리는 속도로 가는 데 걸린 시간이다. 보딩턴은 그나마 차로 갈 수 있는 거리이니 사정이 좋은 편이다. 비행기로 이동이 필요한 광산이 더 많은 수준이라 이런 회사의 취업 형태를 FIFO_{Flu in Fly out}라고 부른다. 급여는 높지만 20대 젊은이들은 일하기를 꺼려해 근로자들의 평균 연령은 일반 기업에 비해 높다.

산금 단가를 밑도는 금 가격

|

지금으로부터 20년 전, 금 생산국 빅4로 불린 나라는 남아프리카공화국, 미국, 호주, 캐나다였다. 주요 생산국은 다음의 〈표7〉에서 보듯, 교체가 있긴 했어도 최근에는 중국, 호주, 러시아, 미

표7 | 상위 금 생산국 변천 1999년, 2009년, 2018년

1999년 주요 산금국

순위	나라명	생산량(톤)
1	남아프리카공화국	476.5
2	미국	341.9
3	호주	299.5
4	중국	162.8
5	캐나다	157.9
6	인도네시아	151.5
7	러시아	138.4
8	페루	128.5
9	우즈베키스탄	88.1
10	파푸아뉴기니	65.0

2009년 주요 산금국

순위	나라명	생산량(톤)
1	중국	324.0
2	호주	222.8
3	남아프리카공화국	219.8
4	미국	219.2
5	러시아	205.2
6	페루	182.4
7	인도네시아	157.5
8	캐나다	96.0
9	가나	90.3
10	우즈베키스탄	74.5

2018년 주요 산금국

순위	나라명	생산량(톤)
1	중국	399.7
2	호주	312.2
3	러시아	281.5
4	미국	253.2
5	캐나다	193.0
6	인도네시아	190
7	페루	155.4
8	남아프리카공화국	123.5
9	멕시코	121.6
10	가나	83.4

국이 상위 4개국이다. 그 외, 한때 감소했던 캐나다의 생산량이 근래 늘고 있는 점이 눈에 띈다.

이들 중 가장 주목받는 나라는 2007년 정상에 오른 중국이다. 정부의 생산 장려 정책 덕분에 1999년 162.8톤 생산 이후 전년 대비 증가세를 보이다가 2015년 478.2톤을 정점으로 2019년까지 감소세를 이어가고 있다.

중국은 대규모 광맥이 없고 중소 광산 회사가 많은데, 환경 규제가 강화되어 기준에 미치지 못하는 광구의 조업이 어려워지고 있다. 그 결과 생산량은 감소세를 보였다.

중국의 대형 광산 회사는 해외 권익 취득에 힘을 쏟고 있는데, 특히 아프리카 대륙의 진출이 눈에 띄며 정부도 장려하고 있다.

그런데 2020년 4월 유가가 한때 마이너스가 되는 사태가 일어나 화제가 됐다. 이 정도는 아니지만 1990년대의 금 가격 침체 시기에 금 가격이 생산 단가를 밑도는 사태가 발생했다. 국가별로는 역시 남아프리카공화국의 단가가 가장 비쌌으며 곤경에 처한 광산 회사도 많았다.

덧붙이자면 1999년 금 평균가는 278달러였으나 세계 평균 단가가 257달러라 어떻게든 이익을 낼 수 있는 수준이었다. 각 광산 회사는 가까운 광구끼리 공동으로 조업하기로 하고, 인원을 정리하는 등 중복되는 단가를 줄여 극복해냈다.

이러한 움직임은 지금도 이어지고 있다. 예를 들어, 바릭골드와 뉴몬트 마이닝 같은 상위 대형 회사 두 곳이 조인트 벤처jv로 운영하는 등 프로젝트마다 조합은 바뀌지만 공동으로 운영하는 광구는 많이 있다. 필자가 방문했다고 언급한 호주 캘굴리의 보딩턴사가 예전에 이러한 조합이었다. 이 경우 리스크를 분산할 수 있는 메리트가 있다.

참고로 2018년 당시 세계 평균 비용aisc은 897달러였다. 가장 비싼 곳은 아프리카 지구로 1,005달러, 호주도 952달러로 비교적 높은 편이었다. 기업마다 온도차가 있으므로 개별 금광산주에 투자할 때는 잘 알아볼 필요가 있다.

애당초 광산 생산이라고 말은 하지만, 자원에는 한계가 있다. 미 정부 조직인 미국지질조사소usgs가 발표한 통계에서의 추정 금 매장량은 5만 4,000톤이다. 이 숫자는 넓은 의미로 상업용으로 흘러 들어갈 금을 가리킨다.

광맥 탐사도 1990년대 이후에는 위성 탐사로 인공위성에서 찍은 사진을 분석해 금광맥이 있다고 여겨지는 곳을 과학적으로 짚을 수 있게 되었다. 이 방식 덕분에 기존에는 상상할 수 없을 정도의 짧은 시간과 낮은 단가로 탐사를 할 수 있게 되었다.

이 통계를 기반으로 다음 단계인 지상 탐사로 넘어간다. 이러한 기술혁신으로 분명 금의 추정 매장량이 늘어난 것도 사실이나, 실정은 금광맥의 위치를 알아내도 개발이 어려운 곳이 많다.

광산 생산 항목에서 언급했듯이 금이 있는 곳을 알아도 알래

스카의 툰드라 지대거나 인도네시아 정글 오지 같은 곳의 '개발 단가'와 '실제 금 가격' 사이에서 개발에 차수할지 말지를 판단 한다.

채굴기술이 발전했다고는 하지만 금이 석유와 다른 점은 광석을 캐야만 한다는 점이다. 액체가 아니기 때문에 파이프를 땅속에 묻어 퍼내는 자원과 달리 기계화가 발전하고 있다 해도 결국은 일손을 들여야 한다. 특히, 그나마 갱도를 파고 들어가는 광산은 전형적인 노동집약형 산업이다. 노천 굴착(오픈 피트형) 광구에서는 덤프트럭의 무인반송 등이 도입되고 있다.

인텔리전트 광산

이것의 일환으로 주목받는 곳이 있다. 바로 인공지능AI 등의 기술을 사용해 광산의 채굴에서 출하까지를 완전 자동화하는 '인텔리전트 광산'이다. 자율주행 기술을 접목시켜 최대한 무인화해 생산효율을 극대화하겠다는 계획이다.

구체적으로는 무인주행 트럭이나 자동 굴착기 외 무인주행 열차 등을 도입한다. 조업은 광산에서 떨어진 운영 센터에서 원격 관리로 완전 자동화한다고 한다.

각종 사물을 인터넷으로 연결하는 IoT를 사용해 광산기계를 인터넷에 연결하는데, 거기에는 아마존(클라우드 서비스)과 마이크로소프트 등의 기업이 얽혀 있다.

놀라운 점은 광석 운반 화물열차의 보수 관리까지 AI를 이용해 고장이 예상되는 구간을 100미터 단위로 특정할 수 있다는 점이다. 드론이나 고속카메라로 촬영한 화물열차에서 상태가 나쁜 차량을 특정하는 기술까지 쓰인다는 말도 있다.

5G 등이 본격적으로 도입되면 채굴도 보다 발전할 것이다. 다만 이 같은 자동화가 가능하려면 주로 노천 채굴 광산이어야 하고 광산 채굴량이 많은 철과 구리 등이 중심이라 금 같은 귀금속 분야의 상용화는 시간이 걸릴 듯하다.

약 17년이면 금이 고갈된다?

|

2019년 이후 시작된 금값 상승 속에서 경영에 여유가 생긴 광산회사들은 새로운 금광 탐사 예산을 늘리려 하고 있다. 호주에서는 이러한 움직임이 두드러지고 있으며, 앞으로 새로운 광맥도 발견할 수 있을 듯하다. 단, 광맥 발견 후 실제 생산에 이르기까지는 앞서 언급한 바와 같이 일반적으로 5년이 넘는 시간이 필요해 곧바로 생산량 증가로 이어지지는 않는다.

앞서 언급했듯이 2019년의 금 광산 생산량은 3,463톤으로 전년 대비 1% 감소했다. 전년 대비에서 줄어든 것은 2008년 이후 11년 만의 일이다. 4분기 기준으로 본 생산량도 2020년 1~3분기는 795톤으로 전년 동기 대비 5년 연속 감소해 금의 광산 생산도 슬슬 절정기가 지났을 거라는 가능성이 제기되고 있다.

추정 매장량인 5만 4,000톤을 지난 10년 동안의 연평균 생산량인 3,197톤으로 나누면 약 17년치라는 계산이 나온다. 만약 현재의 생산 규모가 계속된다면 앞으로 17년 후 금은 고갈되는 셈이다.

향후 생산량이 감소해 가채연수(어떤 자원을 캐낼 수 있다고 예상하는 햇수)가 늘어날 것인지, 아니면 가격상승에 자극받아 개발 예산이 늘어나면서 새로운 광맥의 발견이 계속될 것인지 가늠하기는 쉽지 않다. 다만 현 상황으로 봐서 생산량은 서서히 감소할 듯 보인다. 이는 금 가격 상승 요인 중 하나가 될 수 있다.

미국·일본에서 일어난 리사이클 붐

여기서는 공급 항목인 광산 생산에 이은 또 하나의 큰 줄기이자 앞서 서술한 리사이클에 대해 살펴보자. 이 장 처음에 지구상에 존재하는 금(지상재고)은 약 20만 톤이라고 했다. 최근 몇 년간 광산 생산은 연간 3,100~3,500톤으로 추정되고 있으므로, 앞으로 몇 년간은 매년 이 정도 양의 금이 추가되는 셈이다.

석유 같은 자원과 달리 금은 과거 생산량이 남아 있어 기본적으로 계속 늘어난다. 게다가 과학적으로도 매우 안정적인 금속이다. 이집트 투탕카멘의 황금 마스크가 유명한데, 몇 천 년이 지나도 금은 녹슬지도 변하지도 않는다. 장신구나 묵혀둔 금제품은 순금이 아니라 해도 다시 정련하면 순금 덩어리가 되는데, 이는 올해 광산에서 산출되어 정련된 금과 차이가 없다.

일본에서도 10여 년 전 금 가격이 엔 기준으로 그램당 3,000엔(약 3만 원)을 넘었다. 당시 마을 상점과 슈퍼마켓 일각에서 '금 매입합니다', '백금 매입합니다'라는 현수막을 쉽게 볼 수 있을만큼 한때 붐이 일었다. 가지고 온 귀금속의 순도를 그 자리에서 감정하여 무게를 달아 제시가격으로 현금 매입을 했는데, 더 이상 착용하지 않게 된 귀금속이 대부분이었다고 한다.

같은 시기 미국에도 비슷한 열풍이 불었다. 친한 친구 등 몇몇 가족 단위로 모이는 홈 파티 때 초청받은 업자가 찾아와 참가자들이 가져온 불필요한 귀금속과 금제품을 즉석에서 매입해 수표를 건네주었기에 '골드 파티'라 부르기도 했다고 한다. 매입 가격은 업자마다 달랐는데 일반적으로 시장가의 80% 정도였다고 한다.

그때까지 미·일 등 주요국에서는 보석이나 장신구를 환금한다는 발상이 거의 전무했다. 이러한 장신구 등의 환금 매도는,

전통적인 금 수요국 지역으로 알려진 인도와 아시아, 중동에서는 매입 인프라가 정비되어 있어 일상적으로 이루어졌었다. 이전부터 금의 국제 가격이나 각국 환율 및 각국 국내가의 등락에 따라 증감하는 모습을 볼 수 있었다. 그러던 중에 유럽과 일본에서도 이러한 매매 인프라가 생기면서 새로운 금 공급처로써 인지도가 오르게 되었다.

기록적인 투자 수요에도 오르지 않았다

|

2009년은 금의 존재감이 커진 해였다. 이 1년간 리사이클 양은 전년 1,352톤에서 1,728톤으로 급증했다. 이 수치는 지금도 역대 최고 기록이다.

특히 연초 1분기 동향이 인상적이었다. 마침 리먼 쇼크 이후 국제금융위기가 한창일 때였다. 전년 2008년 10월 이후 빠른 속도로 상승 곡선을 그리던 금 가격은 2009년 들어서며 상승 속도가 줄어 당시 최고치인 900달러 부근에서 거래되고 있었다.

그가운데 주목을 끈 것이 금 ETF의 잔고 증가였다. 금 ETF란, 금 현물만 자산으로서 보유하는 투자신탁으로, 주식시장에 상장되어 있는 상장지수펀드를 가리킨다.

이 금 ETF 중 최대 종목인 SPDR(스파이더 골드 셰어)의 매일

공개되는 잔고는 유례없이 증가하며 신규자금 유입 급증세를 또렷이 나타냈다. 하지만 그에 비해 금 가격이 눈에 띄게 움직이지 않는 데서 필자는 위화감을 느꼈다.

때마침 지난해 가을부터 하락세를 이어오던 뉴욕 다우지수가 6,000달러대까지 떨어지자 FRB는 3월에 국책 3,000억 달러, 주택저당증권MBS 7,500억 달러 등의 자산매입(양적완화)에 나서겠다고 발표했다. 그야말로 달러 뿌리기가 시작된 바로 그때였다. 달러 가치를 약화시키는 정책에 안전자산으로서 금에 대한 주목도가 높아지며 금시장에 투자머니 유입이 이어졌다. 결국 2009년 1분기에 금 ETF의 최대 종목인 SPDR의 잔고는 347톤으로 기록적인 증가세를 보였다.(〈표8〉).

후에 국제금융위기를 틈타 큰 이익을 올려 금융계의 기린아가 된 존 폴슨이 이끄는 헤지펀드 폴슨앤드컴퍼니가 이 SPDR을 대량 매입한 사실이 밝혀져 시장을 놀라게 했다. 같은 기간 다른 종목을 포함한 금 ETF 전체 잔고는 465톤이 늘어났는데, 이는 4분기 최고 기록이었다. 참고로 2018년 말 금 가격은 884.3달러, 2019년 3월 말에는 922.6달러로, 이 사이의 상승은 약 40달러 정도였다. 2월 20일에 일시적으로 전년 3월 이후 1,000달러대에 이르렀지만 다시 되돌아왔다.

나중에 발표된 데이터를 통해 이 시기의 리사이클은 4분기 기준으로는 과거 최대인 569톤에 달한다는 사실이 판명되었다.

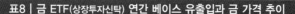

표8 | 금 ETF(상장투자신탁) 연간 베이스 유출입과 금 가격 추이

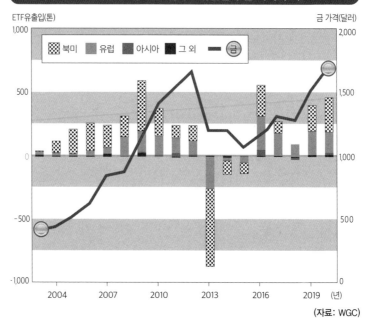

(자료: WGC)

일반인들의 환금 매도도 역시 기록적인 증가를 보였다.(〈표9〉)

당시 인도와 터키 같은 수요국에서는 달러 대비 현지 통화의 하락과 함께 국제 금 가격 상승이 겹치면서 현지 금 가격이 사상 최고치를 갱신했다. 서양 투자머니의 유입이 늘어나긴 했지만, 보석과 금제품의 매도세가 급증하며 금 가격 상승 효과는 결과적으로 사라지고 말았다.

이때만큼 금시장이 리사이클의 존재를 의식했던 적은 없었다. 이러한 아시아와 중동의 민초적인 움직임이 간혹 시장요인

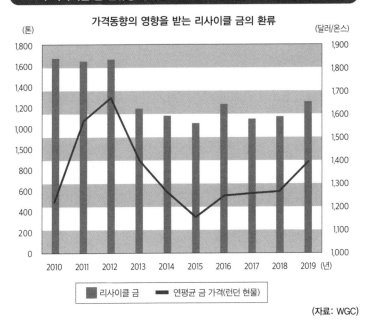

표9 | 리사이클 금 환류량 추이

가격동향의 영향을 받는 리사이클 금의 환류

(톤) / (달러/온스)

리사이클 금 / 연평균 금 가격(런던 현물)

(자료: WGC)

으로서 부각되기도 하는 것이 금시장의 특징이라 할 수 있겠다.

과거 10년간 리사이클은 2010년부터 3년 동안 1,600톤 대를 기록했으나 그 후로는 가격 침체와 함께 감소, 2015년에는 1,121톤까지 내려갔다. 이때는 연평균 가격으로 봤을 때도 가장 감소한 해였다.

참고로 2020년 리사이클은 1,304톤이었다. 가격 상승이 두드러졌던 2020년 1분기였음에도 전분기 340톤에서 감소한 280톤에 그쳤다. 이는 신종 코로나 바이러스 감염 방지 대책에 따른 도시 봉쇄나 행동 제한 등의 영향이 나타난 것으로 보여, 규제 해제와 함께 다시 증가할 듯하다.

생산자 헤지란?

그런데 왜 생산자인 금광 회사가 금융시장에서 금을 매매할 필요가 있느냐는 의문을 가진 사람이 있을지도 모르겠다. 이는 금광 회사에게 경영전략상 선택이라 할 수 있다.

금광 회사는 금을 광맥에서 채굴, 정련, 판매하는 과정이 수익의 기반이므로 가격 예측은 매출을 좌우하는 요소이다. 경영 계획에 생산 목표가 들어 있으므로 3년 후, 5년 후 등 대략 1년 사이에 생산할 수 있는 양은 예측되어 있다.

이때 앞으로 생산하려 했던 금의 가격이 떨어질 것이라는 예측을 금광 회사가 했다면, 손해를 보지 않기 위해 금을 제값에 팔려 할 것이다. 이를 매도헤지라고 한다.

구체적으로 말하자면 선물시장에서 미리 금을 파는 선매도를 하거나 수수료를 내고 미리 정한 가격에 팔 권리(풋옵션)를 취득해둔다. 혹은 투자은행 등과 1년 후에 현물을 건네주기로 계약(포워드 세일, 선도매도)을 맺고 현재 가격에 팔기도 한다.

매도헤지는 주로 가격 하락이 예상되는 경우에 이용하는데,

상정한 가격 전망이 빗나가 헤지 자체가 무의미해져 도리어 손해를 보는 경우도 있다.

제3장에서 다룰 금의 리스 거래에서 다시 설명하겠지만, 1990년대 후반은 금 가격 전망이 어두운 때였다. 이때 금광 회사는 매도헤지를 이용했으나 그 후 금값 상승으로 계산이 어긋나 얻을 수 있었던 이익을 잃는 사례가 속출했다. 개중에는 헤지 거래를 취소하기 위해 커다란 손실을 본 곳도 많았다.

이러한 쓰디쓴 경험으로 주주 중에는 광산 헤지에 부정적인 의견을 가진 사람도 많았다. 2000년 이후에는 가격 상승 추세에 접어들기도 하면서 매도헤지 규모는 축소되었다.

과거 10년 동안의 생산자 헤지 추이를 살펴보자.(〈표10〉) 마이너스 숫자는 헤지 취소를 가리키며, 수급표 상에서는 수요 항목으로 되어 있음을 나타내고 있다. 플러스 숫자는 전체 매입 총액에서 판매 총액을 뺀 '인터넷'에서의 매도헤지 중량을 나타낸다.

2000년부터 2010년까지는 매년 100~450톤으로 비교적 큰 헤지 이탈(헤지 취소 환매)이 보인다. 즉, 금을 생산해 파는 광산 회사가 일부러 시장에서 금을 사들여 수요 측에 돌렸다는 이야기이다. 이런 행위가 자사의 연간 생산량 상쇄로 이어져 수급을 옥죄는 요인이 됐다.

금 가격이 오를 때 금광업계 주가 상승률에 차이가 나는 이유는 헤지 관여 여부인 경우도 있다. 한편, 금 가격 하락 국면이

표10 | 과거 10년 금 수급 추이(톤)

		2010년	2011년	2012년	2013년	2014년	2015년	2016년	2017년	2018년	2019년
공급	광산 생산	2,748.5	2,857.4	2,929.1	3,110.3	3,206.1	3,313.5	3,427.5	3,456.5	3,528.7	3,479.6
	생산자 헤지	−108.8	22.5	−45.3	−27.9	104.9	12.9	37.6	−25.5	−12.5	21.3
	리사이클 금	1,679.1	1,651.1	1,670.8	1,247.7	1,187.8	1,121.4	1,281.5	1,156.1	1,177.6	1,311.5
	공급 합계	4,318.8	4,531.1	4,554.6	4,330.1	4,498.8	4,447.7	4,746.6	4,587.1	4,693.8	4,812.4

			2010년	2011년	2012년	2013년	2014년	2015년	2016년	2017년	2018년	2019년
수요	가공품	보석 장신구	2,044.9	2,096.4	2,141.2	2,736.0	2,543.3	2,478.2	2,017.4	2,256.4	2,283.1	2,134.5
		테크놀로지	460.7	429.1	382.3	355.8	348.4	331.7	323.0	332.6	334.8	326.6
		가공품 소계	2,505.6	2,525.5	2,523.5	3,091.8	2,891.7	2,809.9	2,340.4	2,588.9	2,617.9	2,461.1
	지금地金&금화 수요 합계		1,204.3	1,502.4	1,311.9	1,730.9	1,066.8	1,091.7	1,073.3	1,046.6	1,092.3	871.3
	금 ETF		388.9	260.9	251.1	−881.6	−152.8	−129.3	541.2	271.2	75.0	403.6
	중앙은행		79.2	480.8	569.2	629.5	601.1	579.6	394.9	378.6	656.2	648.2
	금 수요		4,177.9	4,769.6	4,655.7	4,570.6	4,406.8	4,351.8	4,349.8	4,285.4	4,441.4	4,384.1
	잉여/부족분		140.9	−238.5	−101.1	−240.5	92.0	95.9	396.8	301.7	252.4	428.3
	총 수요 합계		4,318.8	4,531.1	4,554.6	4,330.1	4,498.8	4,447.7	4,746.6	4,587.1	4,693.8	4,812.4

	2010년	2011년	2012년	2013년	2014년	2015년	2016년	2017년	2018년	2019년
LBMA금가격 (US$/oz)	1224.52	1571.52	1668.98	1411.23	1266.4	1160.06	1250.8	1257.15	1268.49	1392.6

(데이터: WGC)

되면 이익을 유지하려는 움직임으로 이어지기도 하여 주가 하락 폭이 둔화되는 효과를 가져와 좋은 결과로 이어진다.

거듭 말하지만, 이처럼 헤지 전략의 테크니션은 주가 차이로 나타날 때도 있다. 금 자체에 하는 투자와 달리 금광주식에 하는 투자는 매니지먼트 리스크(경영상 리스크)를 감수한다.

금광주식 투자는 꼭 금 가격 동향대로 간다는 보장이 없으므로 주의하길 바란다.

금 가격을 움직이는
요인들

금 가격의 변동 요인

금 가격 변동 요인은 폭넓게 존재한다. 국제 정세로 대표되는 지정학적 요인에서부터 주요국 특히 세계 경제의 견인차 역할을 하는 미국의 금융경제 동향, 나아가서는 수요국인 중국과 인도 등의 개별적 요인부터 산출국의 상황 또는 유가 동향에서 기상조건까지 다양하다.

농산물도 아닌 금에 기상조건이 어떤 관련이 있느냐고 생각하는 사람이 있을지도 모르겠다. 사실 인도는 연간 수백 톤의 금 수요가 있지만, 그 금 수요의 중심은 농촌이다. 그해의 우기 상황, 즉 적당한 비가 내리는 기후조건인지 아닌지에 따라 수입이 달라지는 문제부터가 금 수요 동향에 영향을 미치게 된다.

그만큼 금 가격 변동 요인의 폭은 넓다.

이러한 점 외에도 규제개혁이나 새로운 상품의 등장 등에 금은 영향을 받았다. 현재 세계 최대 수요국인 중국은 지금으로부터 20년 전인 2000년에 금 장신구 판매가 자유화됐다. 이때부터 일반 국민과 금의 만남이 시작됐다. 그리고 2005년 이후가 되어서야 겨우 금 투자가 자유로워졌다.

즉, 중국의 현물수요는 2000년 이후 확 늘어난 셈이다. 이는 금 가격을 떠받치는 커다란 양상이 플러스됐음을 뜻한다.

금 현물에 기반을 둔 ETF의 등장도 금시장에 커다란 변화를 가져왔다. 2004년에 뉴욕 증권거래소NYSE Arca에 상장된 금 ETF는 금융시장과 금시장을 잇는 자금의 도관 같은 역할을 하여 금시장에 새로운 플레이어를 불러들여 수급을 조절(수요〈공급〉, 가격을 올리게 되었다.

이러한 개별 요인도 포함하면 금의 변동 요인은 범위가 정말로 넓다.

대부분의 변동 요인은 애당초 금이 돈(통화)과 물건(상품)이라고 하는 두 가지 얼굴을 지니고 있기 때문이기도 하지만, 몇 가지 복합적인 요인의 영향으로 금 가격은 변화한다.

물론 그때그때 중심이 되는 테마나 소재는 흐름 속에서 결정된다. 다만 시대의 흐름에 맞는 테마여도 가격에 미치는 영향이 강해지거나 약해지기도 하고 '주역'이 바뀌기도 한다. 그런 상황을 반복해왔다.

과거에는 유가 변동이 금 가격에 영향을 끼치던 시절이 있었으나, 지금은 연동성이 약해지고 있는 것이 그 증거다.

그토록 다양한 요소를 떠올릴 수 있는 '변동 요인'이지만, 크게 두 개로 나누어 생각하면 정리가 쉬워진다. 금시장 안팎에서의 변화, 즉 '내부요인'과 '외부요인'으로 쉽게 나누는 것이다.

내부요인이란 무엇인가?

일단 '내부요인'이면서 금시장에 직접 관련된 요소 모두가 여기에 포함된다. 대표적인 것은 뭐니 뭐니 해도 수요와 공급 관계다. 이는 실물자산인 금의 가격을 방향 짓는 기본요소라 할 수 있다.

당연히 수급이 긴장된 상태(수요 〈 공급)에서 가격은 강세를 보이며, 반대로 느슨해지면 (수요 〉 공급) 약세를 보이는 식으로 표현된다.

지난 10년 사이 수요면의 특징은 총수요에서 투자수요가 차지하는 비율이 높아지고 있다는 점이다. 특히, 민간투자 증가세가 두드러졌다.

보석류 수요가 1980년대부터 1990년대에 눈에 띄게 증가하여, 2000년 무렵까지 전체 수요의 약 70% 이상을 점하고 있던 추세였다. 아시아를 중심으로 경제성장이 급물살을 타면서 개인소득이 늘어나 보석류 수요가 늘어났기 때문이다.

2000년까지는 미국을 중심으로 한 선진국의 경기 동향이나 대량수요국인 인도, 중동 연안의 국가들, (자유화되지 않았던 중국을 제외한) 아시아의 경기 동향, 정치적 안정, 기후 등도 수요를 좌우하여 가격에 영향을 미쳤다. 정세가 평화롭고 경기가 상승세일 때 금 가격은 오르는 경향이 있다.

투자수요의 증가

|

2001년 이후부터 미국을 중심으로 한 정치경제의 큰 흐름에 변화가 일어나 금 수요 내역에도 영향을 미치기 시작했다.

IT버블 붕괴, 2001년 9·11테러, 2003년 이라크 전쟁, 2004년 금 ETF 뉴욕 상장, 2007년 서브프라임 모기지 사태 표면화, 2008년 국제금융위기, 이에 대응하는 FRB의 달러 뿌리기(양적완화) 착수, 그리스 등 유럽 국가들의 국채 신임도 저하, 영국의 유럽연합EU 탈퇴 문제 등 각종 정치 이벤트와 금융시장의 파란 속에서 금의 통화적인 측면에 주목한 수요, 즉 투자수요의 확대가 두드러지기 시작했다.

2019년 데이터에서는 보석 수요 비율이 50% 이하로 떨어졌
다. 주요국을 중심으로 주가가 들끓어 올랐던 1990년대를 거쳐
2000년 이후 더욱 비대해진 금융시장. 이는 곧 금 가격에 대한
투자수요의 영향력이 커지는 것을 의미했다.

리사이클 금시장으로의 환류

|

금시장에는 '지상재고'라 불리는, 지금까지 생산된 약 19만
7,500톤의 금 현물이 있다. 금은 형태를 바꿀지언정 지상에 재
고로서 남는다. 그 일부가 환금 매도라고 하는 형태로 시장에
다시 흘러들어와 수급에 영향을 미친다.

알기 쉬운 예로, 계속해서 언급했던 '중앙은행에 의한 매각'을
보자. 금 장신구를 '저축 수단'의 대상으로서 가치가 보장된다고
보는 경향이 있는 아시아와 중동에서는 환금매도의 증가도 가격
에 영향을 미친다.

앞서 말했듯 이러한 재환류를 수급 데이터에서는 리사이클
(재생금)이라고 부르며 집계하고 있다. 2019년은 전체 1,304톤,
과거 최고치는 2009년의 728톤이었다.

또 광산 회사 동향(생산 상황이나 설비 투자 등 가격 전망에 따른

선매도 등 헤지 행동) 등도 직접 수급에 영향을 주는 요인이다.

보석 수요나 리사이클 등 현물 수급 가격에 미치는 영향은 배경에 큰 자금 이동이 있는 투자 수요와 달리 일반에 즉효성은 없어 가격에 반영될 때까지 시간이 필요하다는 것을 주의하자. 광산 생산 증가나 감소 같은 동향도 시간을 들여 서서히 가격에 영향을 미친다.

내부요인으로서의 투자가의 동향

|

그 외에도 금시장에서 거래 참가자(플레이어)의 동향은 중요한 내부요인이다.

기관투자가로 분류되는 펀드는 뉴욕 선물시장(코멕스: 상품거래소)의 중심인데, 이들이 '매수(롱)' 위주로 거래에 임하고 있는지, '매도(숏)' 위주로 임하고 있는지 같은 참가 동향도 내부요인의 중요한 요소 중 하나라 할 수 있다.

선물거래는 일반적으로 몇 달 내에 결제되지만, 특히 뉴욕 시장의 경우 2~4개월 내 결제가 거래의 중심을 차지하고 있다. 대부분 사들인 건 기간 내에 팔리고, 판 것은 환매된다. 거래가 어느 쪽으로 기울었느냐가 시장 분석의 핵심이 되는 셈이다.

현물 이동을 동반하는 거래를 '실수요'라 부르는 데 비해 이러한 거래를 '가수요'라 부르는 까닭도 이 때문이다. 그리고 가수요 쪽은 같은 내부요인이라도 앞의 현물 수급과는 달리 '투자 행동에 따른 매매'라는 요소가 가격에 영향을 미치는 정도가 크다.

요즘 펀드는 선물시장 뿐 아니라, 금 ETF의 매매에도 관여하는 경향이 높아지고 있다.

정리하자면 수급이라는 펀더멘털스를 기본으로 금 가격의 중장기 방향을 정하는 것이 이른바 큰 흐름이다. 한편, 단기적 매매를 반복하는 투자머니의 움직임도 영향을 미치지만 투자와 얽힌 움직임은 대세를 다 파악하지 않은 경우가 더 많다. 게다가 매일 발생하는 사건에 반응해 움직이기 때문에 가격 변동이 심해지기 쉬운 요인이기도 하다.

외부요인이란 무엇인가?

외부요인은 한마디로 세계 경제의 동향을 좌우하거나 그럴 가능성이 있는 사건이나 정책 변경을 말한다. 그중 가장 영향력이 큰 것이 미국의 정치경제 동향 및 정책 방향성이다. 거기에 기축통화인 '달러 환율의 행방'은 금 가격의 큰 흐름에 영향을 미친다.

1971년 8월의 '금과 달러의 교환 정지 선언', 이른바 닉슨 쇼크에 의해 명목상 금은 통화로서 종지부를 찍었다. 그러나 그로부터 50년 가까이 지난 지금, 세계의 많은 중앙은행은 자산의 일부를 금으로 보유하고 있다. 발행처가 존재하지 않는(따라서 누구의 채무도 아닌) 금은 시대를 넘어, 또 국가를 넘어 지금도 유통되고 있으며 매우 유동성 높은(환금하기 쉬운) 자산이다.

그동안 국제정치, 경제 정세 문제로 앞날에 대한 전망이 나빠져 금융시장이 파란을 일으킬 가능성이 높아지는 시점에 실물자산인 금이 주목을 받으며 가격을 높여왔다. 코로나 사태가 세계적인 문제가 된 2020년 2월 이후 움직임도 여기에 해당한다.

이러한 '혼란 상태로 이어질 가능성'이 있는 다양한 원인은 그대로 금값 변동의 외부요인이라 할 수 있다.

앞으로, 예를 들면 기축통화인 미국 달러의 급락이나 그 가능성 같은 외환시장의 혼란, 혹은 주요국(특히 미국)의 주식시장 폭락이나 금융기관의 불량채권 증가, 주요국 간의 긴장 고조와 그 연장선상에서 세계 경제에 커다란 영향을 미칠 가능성이 높은 분쟁(혹은 전쟁 상태), 인플레이션의 원인으로 이어지는 원유를 중심으로 한 1차 산업품 가격의 상승 등도 외부요인으로 꼽힌다.

몇 가지 요소가 복합적으로 나타나 비상사태가 일어날 것 같은 가능성이 보이면 금 가격은 그에 반응했다. 이는 앞으로도 변하지 않을 것이다.

최근 군사적 비상사태보다 오히려 금융시장을 매개로 한 경제적 비상사태에 더 크게 반응하는 특징을 보였다. 일찍이 '군사적 비상사태'를 가리켰던 '지정학적 리스크'라는 표현이 지금은 긴장된 국제관계에서 경제면까지를 포함한 포괄적인 의미로 쓰이게 됐다는 점만 봐도 알 수 있다.

지정학적 요인으로 인한 금 상승은 지속되지 않는다

2020년 초에 미국과 이란 사이에서 소규모 군사 충돌이 발생했다. 이 뉴스에 크게 반응한 금 가격은 1,500달러를 조금 넘은 수준에서 1,600달러를 넘어서는 수준까지 치솟았다. 단, 약 7년만의 기준가까지 치솟긴 했지만 곧바로 환매되며 이날 종가는 전날보다 마이너스를 기록했다. 1,600달러를 넘었던 것은 두 시간 정도로, 이날의 상한가와 종가는 50달러나 차이가 났다.

일찍이 '위기 시의 금'이라 불렸던 금 가격. 그러나 지정학적 요인에 대한 금 가격 반응은 일회성에 그친다는 것을 경험적으로 알고 있었으나, 이날은 두 시간 남짓도 가지 못했다.

'위기 시의 금'이라 하면 이라크를 비롯한 중동 정세를 떠올리는 독자들이 많을 것이다. 실제로 미국과 전쟁 상태에 이른 이라크를 예로 들어보겠다.

애당초 '위기 시의 금'의 반응은 짧다고 말했다. 대부분 이라크 전쟁 때의 움직임을 예로 들어 언급하는 경우가 많다. 단, 이는 다소 인식의 오류가 있는 듯하다.

당시의 움직임은 이러했다.

미·영 군대가 이라크 공격에 착수한 날은 2003년 3월 15일. 실은 이날을 포함한 전후 며칠 동안 금시장에 눈에 띄는 움직임은 없었다. 개전 당일 뉴욕 금 종가는 전일 대비 1.5달러 하락한 336.2달러였다. 상한가는 341달러에서 그쳤다. 덧붙이자면 다음 날은 전일 대비 3.2달러 하락한 333달러. 즉, 전쟁 시작과 동시에 금 가격이 확 상승해 팔려나가는 일은 일어나지 않았다.

그때 금 가격 피크는 한 달 정도 전인 2월 5일의 일이었다. 이날 당시 파월 미 국무장관이 유엔 안전보장 이사회에서 이라크가 대량 살상 무기를 개발하고 있다는 증거를 늘어놓으며 공격의 정당성을 강력하게 주장했다.

금 시장은 '개전은 피하기 어렵다'라는 판단하에 매입자가 모여들어 390.8달러로 6년 반 만에 최고가를 기록했다. 이 거래 시간 중에 매겨진 가격이 당시 상한가가 되어 개전 시에는 이미 이슈가 바닥을 보인 상태였다.

이라크 전쟁에 대해서는 전년도 여름부터 공격 정당성을 둘러싸고 유엔에서 논의가 오가고 있었는데 이 부분도 시장에서는 반영이 되고 있었다.

여기서 주목하고 싶은 점은 당시 비교적 단기 종결을 목표로 취했던 미국의 행동이 계획대로 진행되지 않고, 오산의 연속으로 이어져 전쟁비용이 확대되며 미국 재정 악화에 박차가 가해졌다는 점이다.(2004년 회계연도는 4,127억 달러 적자) 결과적으로 외환시장에서 달러 시세에 대한 악재로 받아들여져 달러를 팔고 금을 사려는 흐름이 형성되었다.

금 시장에서 '지정학적 리스크'에 대한 이슈 포인트는, 일부 지역이 아닌 '세계적인 혼란으로 이어질 가능성'일 것이다. 가령 유가 급등세가 인플레이션 우려를 높이는 등 금융경제에 광범위한 혼란과 파장을 미칠 우려가 있는 요소로 인정되는 경우, '안전자산'으로서 금이 주목받아 가격이 상승하는 경향이 있는 것으로 풀이된다.

그럼에도 상승세는 오래가지 않는다. 시장은 사태의 변화를 계속하여 반영하므로 가격을 자극하는 이슈도 금방 사그라든다. 그럼에도 군사적 비상사태 시의 금 가격 상승은 요주의라고 할 수 있다.

외부와 내부, 어느 쪽 영향이 클까

|

외부요인, 내부요인 모두 금시장의 양쪽 바퀴 같은 존재지만,

어느 쪽이 영향이 더 크냐고 묻는다면 단연 외부요인일 것이다.

시대의 흐름은 투자가 혹은 소비자의 심리에 영향을 끼치며 거래 참가자를 통해 수급을 형성해간다. 그리고 수급에 따른 가격 흐름의 변동 폭을 눈앞의 투자(혹은 투기)머니가 확대해가는 구도다.

금시장의 앞날을 읽는 작업은, 지금 상황에서의 국제 정치 또는 금융세계에서 일어나고 있는 일이 결국 앞으로의 국제 경제에 어떠한 영향을 미칠지를 읽는 작업이라고 할 수 있다.

그중 하나의 지표로서 중요한 것이 기축통화인 '달러 환율의 행방'이다. 애당초 금이 달러 가치에 기반을 두고 이용되었다는 역사적 사실에 기인하여 달러 시세는 주시를 받고 있다. 단, '통화 대체'로서의 금은 '달러라는 통화 대체'로서의 금이라고도 할 수 있다.

눈앞의 움직임이 아니라 금 가격의 장기적인 방향을 살피는 작업은 결국 기축통화인 달러의 앞날을 살피는 작업과 맥락을 같이 한다. 이는 달러가 기축통화로 존재하는 한 계속되리라 본다.

PART 3

전 세계 중앙은행과
금 가격의 상관관계

과거 10년에 걸쳐
왕성한 매입을 계속한 공적 부문

신흥국 은행의 적극 매입

금은 각국의 중앙은행이 외화준비 자금으로 보유하는 자산이기도 하다.

금 수급에 관해 시장에서 최근 주목할 점은, 러시아와 중국의 중앙은행이 활발하게 금을 사들이고 있다는 것이다. 다음 페이지 〈표11〉은 2020년 6월에 각국 중앙은행의 금 보유량과 외화준비액 전체에 점하는 비율을 보여준다.

예전에는 2만 톤 이상 보유하고 있던 미국이 8,133톤이라는 압도적 보유량을 자랑했고, 독일이 3,363톤으로 그 뒤를 이었다. 독일의 경우 외화준비액의 75%를 금이 차지하고 있다. 4위

표11 | 각국 중앙은행·국제기관 모든 보유량과 외화 준비에 점하는 비율

(2020년 6월)

순위	나라명	돈	%
1	미국	8133.5	79.1
2	독일	3363.6	75.0
3	IMF(국제통화기금)	2814.0	
4	이탈리아	2451.8	70.5
5	프랑스	2436.0	65.0
6	러시아	2298.7	22.2
7	중국	1948.3	3.3
8	스위스	1040.0	6.7
9	일본	765.2	3.1
10	인도	653.0	7.4
11	네덜란드	612.5	71.5
12	터키	524.0	36.8
13	ECB(유럽중앙은행)	504.8	32.3
14	대만	422.4	4.6
15	포르투갈	382.5	77.1
16	카자흐스탄	377.1	68.0
17	우즈베키스탄	335.9	59.1
18	사우디아라비아	323.1	3.4
19	영국	310.3	9.8
20	레바논	286.8	30.0

(출처 : IMF)

는 유럽연합EU 중에서도 국내총생산GDP 대비 재정 적자 비율이 높아 앞날이 우려되는 이탈리아다.

국제기관인 IMF의 지분도 2,814톤으로 많은 편이다.

금 보유량 상위 20위까지를 보면, 러시아를 필두로 중국, 인도, 터키 등 절반이 신흥국이다. 일찍이 상위에는 서양 강국들의 이름이 쭉 나열되어 있다. 과거 25년 사이에 상위 보유국은 크게 달라졌는데, 특히 최근 10년 사이의 변화가 크다.

세계적인 금 확보 조사기관인 세계금협회wGc가 2020년 4월에 발표한 통계에 따르면, 2019년 중앙은행의 금 매입량은 650톤으로 전년도의 656톤에 이어 높은 수준을 유지했다. 2018년에는 미국이 금과 달러 교환을 정지했던 '닉슨 쇼크'가 일어났던 1971년 이후 최대 매수를 기록했다. 즉, 47년 만에 매입이 크게 이루어졌으며, 그 흐름이 다음 해인 2019년까지 이어졌다는 뜻이다.

참고로 2010년 이래, 10년째 큰 폭의 매수가 이어지고 있는 중앙은행 부문은 금시장에서의 기초적인 수급을 조절해 가격 서포트 요인이 되었다.

국가별로는 러시아의 금 보유량 증가가 눈에 띈다. 러시아는 2006년에 외화준비액의 10%를 목표로 금 보유량을 늘리겠다고 선언한 후 꾸준히 매입을 늘려왔다. 리먼 쇼크 이후 2020년 6월까지 약 12년 동안 금 보유량이 1,826톤이나 증가했다. 특히 2014년부터 2019년까지 6년 동안은 연평균 206톤으로 빠른 증가세를 보였다.

러시아는 2018년 3월 말에 보유하고 있던 약 1,000억 달러의 미국 국채가 5월 말에 약 146억 달러로 확 줄어 화제를 모았다. 그 후 러시아 중앙은행 총재가 외화준비의 다양화를 위해 금을 사들이고 있다는 발언을 했다.

이 시기에 미국 트럼프 정권이 이란에 대한 경제 제재를 더 강화했는데, 그러한 행동을 본 러시아가 외화준비액의 운용 수익률보다 자산의 안정성을 확보하려는 계산으로 보유량을 한층 강화했다고 할 수 있다.

계기는 FRB의 양적완화책 도입

이러한 움직임은 외화준비를 한창 늘리는 중인 신흥국도 비슷한 입장일 것이다.

계기는 2008년 9월의 리먼 쇼크 후에 절정을 맞이한 국제금융위기와, 그에 대처했던 FRB의 정책 대응이었다.

국제금융위기 확산에 직면한 FRB는 대응을 서둘렀다. 평소에는 대출 대상이 아니던 곳에 융자를 내주거나, 다른 나라 중앙은행과 통화 스와프를 진행하여 2008년 말에는 정책금리를 0%까지 끌어내렸다. 다음 해인 2009년 3월부터는 양적완화책도 개시했다. 장기국채를 포함한 최대 1조 7,500억 달러(한화 약 1,968조 원)의 자산 매수를 결정, 즉각 실행에 옮겼다.

전무후무한 규모의 자금 공급은 신용위기와 경제의 디플레이션화 회피가 목적이라고는 하나 통화 달러의 가치를 약하게 만

드는 정책이어서 시장에서는 그에 대한 대응책으로 금 구입에
대한 관심이 순식간에 높아졌다.

 FRB의 이러한 정책 전환은 경제성장이 가속화되기 시작한
신흥국 중앙은행의 금 구입을 자극했다. 그때까지의 '금리를 낳
지 않는 금은 판다'는 입장에서 외화준비액에 금의 비중을 핵심
자산으로서 늘리겠다는 입장으로 돌아선 것이다.

전략적인 중국의 금 준비액 증강

 |

금 보유에 가장 적극적인 입장으로 돌아선 곳은 중국이었다.
FRB가 2009년 3월에 양적완화를 단행한 직후, 중국인민은행(중
앙은행)은 웹사이트에 당시 저우 샤오촨 총재의 이름으로 리포트
를 게재하여 IMF에 '초국가Super sovereign 준비통화'의 창설을 호
소했다. 이는 달러를 대신할 새로운 기축통화를 만들자는 제안
이었다.

 4월에 인민은행은 보유하고 있는 금이 2008년 말 시점으로
1,054톤임을 공표했다. 그때까지는 2003년에 IMF에 신고했던
600톤으로 알려져 있었다.

 게다가 중국 정부는 대형 국유상업은행 4곳(중국공상은행, 중
국건설은행, 중국농업은행, 중국은행)에 일반용 골드바와 금화 등을

창구에서 팔 것을 지시하면서 같은 해 8~9월에 걸쳐 네 군데 은행 창구에서 일제히 금 판매를 시작했다. 현재는 지방 은행도 가세하여 금 매매가 확대되고 있다.

중국인민은행은 2015년 6월부터 IMF에 대해 외화준비액 구성에 관한 보고를 개시했는데, 그때 2009년 이후 금 준비가 604톤 증가했다는 점도 분명히 밝혔다. 이 단계에서 보유한 금은 1,658톤이었다.

이처럼 IMF에 보고를 개시한 데에는 결정적 이유가 있었다. 중국은 이전부터 출자에 따라 가맹국에 공여하는 합성통화 '특별인출권SRD'의 구성통화에 자국 통화인 '위안'의 채택을 노리고 있었다. '특별인출권'이란 통화위기가 닥쳤을 때 외화로 교환할 수 있는 합성통화로, 그때까지는 달러·유로·엔·영국 파운드가 구성통화로서 가치가 정해져 있었다. 그 반열에 오르면 위안화가 국제통화로 빠르게 인지될 것이라 여긴 중국 정부는 그동안 IMF에 끊임없이 압력을 가해왔다.

구성통화가 되기 위해서는 IMF에 외화준비 상황을 보고할 필요가 있었다. 그 가운데에서 금준비 상황도 명확해졌다.

특별인출권의 구성통화는 5년에 한 번 재검토하는데, 결국 위안화는 2016년에 특별인출권의 구성통화로 인정받게 되었다. 현재 구성 비율은 달러 41.73%, 유로 30.93%, 위안화 10.92%, 엔 8.33%, 파운드 8.09%로 일본 엔을 웃돌게 되었다.

단, 원래는 거래가 자유롭고 투명해야 구성통화에 들어갈 수 있는데, 위안화는 지금도 시장원리가 아닌 정부 개입에 영향을 받고 있으며, 제한 없이 외화로 교환할 수 있는 통화가 아니다. IMF가 특별인출권의 구성통화로 위안화를 인정한 이유는, 미래 가치에 대한 기대와 중국 금융시장에 외화 추가 개방을 촉구하려는 의도가 있었던 것으로 보인다.

어느 쪽이든 위안화를 국제통화 반열에 올려 쉐어 확대를 노리는 중국 인민은행에게 금준비 확대는 예견된 노선이었다.

그런 중국이지만 2016년 10월 이후로는 한동안 금준비를 늘리는 모습은 보이지 않았다. 대량 매입이 재개된 것은 2018년 12월이었다. 재개 후에는 2019년 9월까지 매달 증가했지만, 그후 다시 2020년 5월 시점까지는 중단된 상태였다.

이때까지 중국의 금 보유 총량은 1,948톤으로, 전 세계에서 일곱 번째 규모로 늘어났다. 12년 전에는 600톤 이하였으니, 3배 이상 늘어난 셈이다.

성장세를 보이는 매입국

신흥국 중 국민들의 금 선호도가 매우 높다고 알려진 인도에서도 움직임이 보이고 있다. 인도는 2009년에 IMF로부터 200톤

표12 | 각국 중앙은행의 금 매매 추이

		2008년 8월 (톤)	2020년 6월 (톤)	비율 (%)	증가량 (톤)
1	러시아	472	2298	22.2	1826
2	중국	600	1948	3.3	1348
3	터키	116	524	35.8	408
4	카자흐스탄	73	377	68.0	304
5	인도	357	653	7.4	296
6	폴란드	102	228	10.6	126
7	멕시코	3	120	3.4	117
8	한국	14	104	1.4	90
9	태국	84	154	3.6	70
10	필리핀	133	198	11.9	65

의 금을 인수했던 사례가 있다. 그 후로 한동안은 조용했으나 2018년 3월부터 매입을 재개했다. 이후 2019년 4월까지 13개월 연속 증가세를 보였다. 반년간 멈춤 상태였다가, 2019년 10월 이후부터 2020년 3월에 걸쳐 또다시 지분을 늘렸다.

그 외, 주목해야 할 움직임으로는 2018년에 헝가리(약 29톤), 폴란드(2018년, 2019년까지 총 126톤) 등, 규모 등으로 미루어 보아도 의외성 있는 국가의 중앙은행에 매입이 늘고 있다는 사실이다.

자국 제일주의를 외치며, 2016년 대통령 선거 공약으로도 내세웠던 무역적자 감축을 진행하려는 미국 트럼프 정권. 그 수단으로 달러화 약세를 유도하는 금리 인하와 마이너스 금리정책의 도입을 FRB에 요구하는 등 기존 정부에서 볼 수 없었던 움직임도 눈에 띄었다. 또한, 미·중 무역전쟁이라고까지 표현되는 미·중 통상마찰 등의 불안정한 국제 정치도 다른 나라들로 하여 금 외화준비액의 분산화를 고려하게 만들어 금의 보유량을 늘리려는 움직임으로 이어졌다.

중앙은행의
금준비 입장 변화

코로나로 신흥국에서 돈이 급속히 유출

신종 코로나 바이러스 여파로 2020년 신흥국에서는 기록적인 자금 유출이 있었다. 급기야 3월에는 최대치를 기록했는데, 그 후로도 간헐적으로 유출이 이어져 신흥국 통화가치는 달러 기준, 일제히 최대치 하락을 갱신했다.

신흥국의 신용등급 강등도 잇따랐다. 금시장과 연관이 있는 남아프리카공화국은 신용평가 회사 무디스 인베스터스가 3월에 채무 등급을 투기적 수준으로 하향시켜 정크채(정크 본드)가 되어버렸다.

신용등급 하향은 자금 유출 가속화로 이어졌다. 또 국채금리 상승을 조장해 통화 하락으로 이어져 악순환의 굴레에 빠지고 말았다.

전통적인 금 수요국 인도도 같은 상황이었다. 신용평가 회사 피치 레이팅스는 2020년 4월 말, 인도가 투자 적격 하한선인 BBB마이너스에서 더 내려갈 가능성이 있다고 밝히면서 코로나19 위기에 대응하는 가운데 재정 전망이 한층 악화되면 강등시키겠다고 선언했다. 그렇게 되면 인도 국채도 투자 부적격채가 된다.

신흥국에서 기록적인 자금 유출이 일어난 요인은 과거 10여 년 간의 투자금 유입에 대한 반동이라는 측면도 강하다. 2008년의 리먼 쇼크 이후, 세계 경기 흐름은 장기에 걸쳐 저금리와 남아도는 돈 사이에서 활발해졌다. 투자금의 규모는 보다 높은 이율을 추구하며 신흥국에 투자와 융자를 거듭해 몸집을 불렸다.

국제결제은행BIS의 집계에 따르면 신흥국의 달러 표시 채무는 3조 7,800억 달러(약 4,768조 원)로, 2010년부터 10년 동안 두 배 이상 상승하였다. 이들 자금을 회수하면서 신흥국에서 급격히 돈이 빠져나가게 됐다.

국제금융협회IIF가 중국에서 코로나19 감염 확대가 본격화된 2020년 1월 20일을 기점으로 4월 말까지의 기간 동안 유출된 자금 누계액을 산출한 결과, 1,000억 7,000만 달러(약 122조 원)에 달했다. 이는 리먼 쇼크 때(약 236억 달러)의 4.2배다.

이런 가운데 사회 기반이 흔들리는 나라도 늘어나, 100개국 이상이 IMF에 지원을 요청하게 되었다. 이 정도의 나라들이 모이면 지원금도 상당히 커질 터인데, 과연 IMF가 그에 응해줄 수 있을까? 어느 정도 준비를 했다 치더라도 지원 자금 부족은 피할 수 없을 것이다.

금시장 입장에서 보면 향후 IMF의 재원 문제가 신경이 쓰인다. IMF는 금을 대량으로 보유한 국제기관이지만, 재원 확보를 위해 금을 매각했었기 때문이다.

IMF의 금 보유량

IMF는 2020년 4월 기준, 2,814톤의 금을 보유하고 있으며 미국, 독일에 이어 세계 3위를 차지하고 있는 대량 보유 기관이기도 하다. 앞서 언급했듯이 과거에 IMF는 보유한 금을 매각해 운영비와 융자 재원을 충당한 적이 있다. 즉, 이번 신종 코로나 바이러스 위기를 만나면서 IMF는 또다시 재원 확보를 위해 보유 중인 금 매각을 고려할 가능성이 있다.

매각 논의가 고조되기만 해도 수급 균형이 무너진다고 보는 입장상, 금시장에도 적지 않은 영향을 미칠 수 있다. 행여 매각이 이루어진다면 매각량과 방법에 따라 금 가격에 큰 영향을 미치게 된다.

IMF와 금의 관계에 대해 살펴보자.

IMF는 가맹국의 경제 안정을 꾀하기 위해 활동하는 국제기관으로, 간단하게 말해 국가 금융재정의 '감시자 역할'을 한다. 환율 시세나 가맹국의 경제 상태 등을 점검해, 이를 토대로 세계 경제 예측이나 가맹국의 경제 정책에 관한 분석을 포함한 폭넓은 활동을 하고 있다.

개중에서도 특히 중요도 높은 활동이 통화 위기, 국제수지 위기, 재정 위기 등 소위 말하는 '소버린 리스크sovereign risk(국가신용 리스크)'가 심각해진 나라에 주는 긴급 융자다. 위기에 처한 국가의 정상화를 돕는 역할로, 이른바 파산한 국가의 재정 구조대 같은 존재다. 2020년 3월 기준, 가맹국은 189개국이다.

조직 활동의 재원은 각 가맹국이 출자한 기금으로 충당한다. 융자를 받은 나라는 위기를 넘긴 후 자금 변제는 물론이고 시장 금리에 준한 금리와 수수료를 지불해야 한다.

매각 거부권을 가진 미국
|

IMF 설립은 1944년으로 거슬러 올라가는데, 창립 당시의 규정에 따라 가맹국에 의한 출자할당액(쿼터)의 25%는 금으로 출자

하고, 이후 증자에도 금을 사용했다. 융자 관련 금리나 수수료의 지불도 금으로 이루어졌고, 금으로 변제를 충당하는 행위도 인정됐다.

지금도 IMF가 2,800톤 남짓한 금을 보유하고 있는 것은 그만큼 금이 국제통화제도에서 중추적 역할을 맡고 있다는 것을 의미한다. 이후 가맹국과 IMF 간의 금을 사용한 교환은 IMF 협정 개정이 시행된 1978년 4월에 종료되었다.

그러나 각국 중앙은행이 외화준비의 일부로서 금을 보유하고 있듯이, IMF도 금을 '준비자금'으로 규정하고 있다. 따라서 가맹국의 융자 변제 시 금 사용을 허용하고 있다.(이 경우, 쌍방이 정한 날짜의 시장 가격을 적용한다.)

금을 포함한 자산 매각에는 IMF 이사회의 승인이 필요한데, 승인에는 총 의결권의 85% 이상의 찬성이 있어야 한다. 각 가맹국이 동등한 1표를 지니고 있는 국제연합 총회와는 달리, IMF에서는 출자액을 반영해 투표권 비중을 정한다.

출자비율에 따른 배분은 미국 17.4%를 필두로 일본이 6.46%, 중국이 6.39%, 독일 5.59% 등 주요국이 상위를 차지하고 있다. 이 배분에서 알 수 있듯이 미국이 반대하면 85% 이상의 찬성은 얻을 수 없기에, 실질적으로 미국이 거부권을 행사할 수 있다.

따라서 IMF 보유 금 매각에 관한 결정은 미국 손에 달려 있다고 할 수 있으며 보다 구체적으로는 미국 의회에 달려 있다.

물론 미국이 찬성해도, 다른 나라들이 반대해서 15%가 넘는 반대표가 모이면 매각은 부결된다.

제기된 IMF 금 매각안

|

과거 30년 동안 금시장에 미칠 영향이 우려된 IMF의 금 매각은 두 건이었다.

첫 번째는 1999년 봄, 금 가격이 20년 만에 하한가를 갱신하며 계속 떨어지던 때였다.

1990년에 베를린 장벽이 무너지며 동서 냉전종식이 촉발되었다. 그로 인하여 자유주의 경제는 구성원의 증가로 규모가 커졌으며, 군사비용을 삭감하여 민생 부문으로 배분하는 '평화 배당' 효과에 힘입어 1990년대 독일의 경제 성장은 빠른 속도로 진행되었다.

새로운 기술로 인터넷이 등장하고 관련 분야 영역이 넓어지면서 경제 성장은 미국을 중심으로 가속화됐다. 1995년 이후는 주가 상승도 빨라지며 IT 관련 업계를 중심으로 활황세를 보였다.

그러나 아프리카와 중동을 중심으로 금융시장이 아직 덜 정비된 데다가 이렇다 할 산업이 없는 나라는 고립되었으며 경제 격차도 급속히 벌어졌다. 성장이 빨라진 주요국은 대부분 북반

구에 위치했고, 침체된 나라는 남반구에 많다고 해서 '남북문제'
라고도 불렸다.

개중에서 1차 산업 이외의 산업 인프라가 없었던 아프리카
국가들의 궁핍도는 오히려 극심해졌다.

IMF는 해당 나라들을 고채무 빈곤국HIPC, Heavily Indebted Poor Coun-
tries으로 구분해 채무 감면 등으로 아낀 자금을 의료 인프라와 성
장에 돌리는 'HIPC 이니셔티브'를 설립했다.

문제는 재원이었다. 그리하여 제기된 것이 금 매각안이었다.
원칙적으로는 가맹국의 출자금으로 조달하는 것이 맞다. 그러
나 순순히 출자금을 내주는 나라가 적어 IMF는 만성 자금 부족
에 대해 고민하고 있었다. 일단은 각국에 출자를 요청하고, 부
족한 몫은 보유자산(금)의 일부를 팔아 변통하자는 것이 'IMF
보유금 매각안'의 시작이었다.

이전부터 IMF의 금 매각안에 독일은 반대 입장을 취하고 있
었다. 독일의 국가 성격상 금을 중시했기 때문이다.

그러나 이때 반대 선봉에 선 나라는 구제를 받는 쪽인 남아프
리카공화국이었다. 당시 금 가격은 수년에 걸쳐 이어져 온 유럽
국가들의 중앙은행에 의한 매각 등으로 인해 300달러 이하로 떨
어져 20년 만에 최저치를 향하고 있었다. 당시 금 생산 규모의
선두였던 남아프리카공화국에게 IMF의 매각안은 무척 인정하
기 힘든 것이었다. 매각을 하려면 전체 가맹국의 85% 이상의 지

지가 필요하나, 실질적으로 거부권을 가진 미 의회에서 공화당이 반대로 돌아섰다.

장부가액book value과 시장가액Market price의 차액을 재원으로 삼은 교묘한 방법

그때 제기된 것이 장외거래를 이용해 IMF 보유 금의 장부가액 (당시 1온스당 48달러)과 시장가의 차액으로 자금을 조달하는 안건이었다. 시장에 금을 유출하지 않고 평가액을 바꿔 자금을 조달하는 교묘한 매각 구조는, 금의 통화적 측면에 주목했던 IMF이기에 가능한 아이디어였다.

미 의회도 1999년 11월에 해당 안건을 승인했고, 다음 달 12월 IMF 긴급이사회는 1,400만 온스(약 435톤)를 상한선으로 한 매각안을 결정하고 실행에 옮겼다.

구체적으로는 이때 IMF에 변제 기한이 임박했던 브라질과 멕시코 양쪽 정부에게 시장가로 금을 매각, 그 금을 현물로 융자변제에 사용할 수 있게 허가했다. 이로 인해 1999년 12월부터 2000년 3월 말까지 총 1,290만 온스(약 401톤)의 거래가 이루어졌다.

이 시기 금 가격 변동은 260~290달러 선에서 움직였다. IMF가 얻은 수익은 특별 감정에 들어가 스위스 바젤에 있는 국제결제은행BIS으로 입금되었고, 운용 이익 등도 HIPC 이니셔티브로 입금되었다.

이렇게 IMF가 보유한 금은 시장을 일절 거치지 않아, 금시장에 영향을 미치는 일은 없었다.

리먼 쇼크 시기와 겹친 시장 매각

|

두 번째 매각은 리먼 쇼크 후인 2009년의 일이다. 미국발 국제금융시장의 대혼란으로 경기 후퇴에 빠진 세계 경제 상황 속에서 IMF의 재정 기반을 보다 건전하고 굳건히 해야 한다는 의론과 함께 보유 금 매각안이 떠올랐다.

흥미로운 사실은 미국이 매각안을 적극적으로 진행하려 했다는 점이다. 2008년 4월, 도쿄에서 주요 7개국G7 재무부·중앙은행 총재회의가 열렸을 때 당시 헨리 폴슨 재무장관이 미국 재무부도 찬성이라는 의향을 내비쳤다.

이 시점에서는 아직 IMF의 운영 관리 비용에 무게를 두겠다는 정도였으나, 그 후 미국 정부에 의해 GM(제너럴모터스)의 국유화 등 혼란이 가중되면서 융자의 기초자금을 늘리는 데에 중점이 옮겨졌다.

그 후 리먼 브라더스의 파산으로 국제금융위기가 단숨에 상승해, FRB는 긴급피난 자산 매입을 실시, 시장에 대량의 자금 투입을 피할 수 없게 되면서 매각안은 진전세를 보였다.

2009년, 미국은 민주당 오바마 정권이 들어섰다. 이때 재무장관에 취임한 티모시 가이트너 전 뉴욕연방은행 총재는 3월에 들어 의회에서 IMF 보유 금 이용을 촉구하는 목소리를 내어, 최종적으로 6월에 미 의회에서 금 매각이 승인되었다. 매각안은 신중히 진행되어, IMF는 9월의 연차총회 때 열린 이사회에서 403톤의 매각을 단행했다.

그때까지 반년 동안 금시장에서는 존 폴슨이 이끄는 헤지펀드가 금 ETF(상장지수펀드)를 100톤 가까이 매입한 사실이 밝혀지는 등 시장의 금을 향한 관심이 높아지고 있었기에 매각 결정은 금 가격 하락에 영향을 미치지 못했다.

IMF의 금 매각은 신중히 이루어졌다. 먼저 첫 번째 단계로 금 구매에 관심이 있는 각국 중앙은행이나 국제기관에 은밀하게 제의를 했다. 금 매각을 공적기관끼리 장외에서 거래함으로써 가격에 미칠 영향을 억제하려는 배려였다.

절반인 200톤을 인수한 인도

|

결과적으로 시장은 포지티브 서프라이즈에 휩싸이게 됐다. 매

각 동향에 대한 아무런 소식이 없어 시장에 초조함이 감돌던 2009년 11월 2일, IMF는 긴급성명을 발표한다. 매각 예정인 403톤 금의 절반에 달하는 200톤을 인도 중앙은행이 매입하기로 했다는 내용이었다.

구체적으로 말하면 몇 차례에 걸쳐 금 현물 가격의 지표인 런던의 오후 고시가격으로 거래했으며, 평균가격은 1,045달러였다.

인도 중앙은행의 금 매입은 금시장을 자극했다. 발표 다음 날부터 뉴욕 코멕스의 선물가격은 연일 최고치를 갱신했다. 결국, 2009년 11월은 21영업일 중 18일간 가격 상승을 이어갔다.

시장에 흡수된 금 191톤

인도의 금 매입이 서프라이즈였던 이유는 인도가 애당초 경상지수가 적자인 나라였기 때문이다. 그러나 2000년대에 들어서며 유럽 투자머니 유입으로 성장이 가속화돼 이로 인한 신흥국 투자 붐이 일어났다. 이 무렵부터 신흥국, 특히 전도유망한 4개국(브라질, 러시아, 인도, 중국)의 앞글자를 따 BRIC이라고 불렀다. 그런 주목 국가라 해도, 보유 금을 늘리는 것은 당시에는 아직 좀 먼 이야기라는 관측이 있었기 때문이다.

중국과 러시아가 이미 금에 관심을 보이는 나라로 주목을 끌기 시작했으나 인도 중앙은행의 매입으로 인도가 금 매입에 가장 적극적인 나라라는 인식을 시장에 각인시켰다.

그해, 모리셔스가 2톤(11월 6일), 스리랑카가 10톤(11월 23일)의 금을 매입하며 서서히 시장에서의 영향력을 끌어올렸다. 양적으로는 지난 거래에 비해 뒤떨어져 보이기는 하나, 당시 금 가격이 1,100달러로 최고치를 갱신하던 중이었기 때문에 시가 매입은 시장 참가자, 특히 펀드를 자극했다.

실은 이 시점에 신흥국 중앙은행 사이에서 금준비 촉구에 대한 커다란 움직임이 일어나기 시작했다. 그 기점은 리먼 쇼크였다.

이후 IMF는 그 이상의 직거래(정부 간 거래)가 없다는 사실을 확인한 후, 남은 191톤을 시기를 분산해 시장에서 매각할 것을 발표했다. 실제로 2010년 2월부터는 상황을 보며 드문드문 매각해 결국 12월에는 모두 팔아넘겼다.

이 사이에 금 가격은 계속해서 최고가를 갱신, 첫 1,400달러 고지에 올라섰다. 즉, IMF가 매각한 금 403톤의 반은 신흥국 중앙은행에, 남은 반은 시장에 파란을 일으키는 일 없이 흡수된 것이다.

이 매각에 임하며 IMF는 유럽을 중심으로 한 중앙은행 간 금의 매각과 대출에 관한 제한을 설정한 '제3 워싱턴 협정의 매각 범위'를 이용했다.

금 보유량의 의미가 옅어진 1990년대

2010년 IMF가 활용한 워싱턴 협정에 의한 매각 범위란 무엇인가. 앞으로 만약 IMF가 재원 확보를 목적으로 보유 금 매각에 나선다면 비슷한 방법을 취할 것이라 예상되므로 구체적으로 살펴보자.

이 이야기는 지금으로부터 30년쯤 전인 1990년대로 거슬러 올라간다.

유럽 각국 중앙은행은 금본위제의 영향으로 금을 대량으로 보유하고 있다고 알려져 있었다.(지금도 대량 보유국 순위에는 유럽 각국이 높은 순위를 차지하고 있다.)

이러한 상황 속에서 1990년대에 제기된 것이 단일통화인 유로의 구상이었다. 유로 자체는 1999년 1월에 먼저 주요 11개국 참가로 시작했으나 몇몇 참가 조건 중 재정면에서 특히 까다로운 조건이 부과되었다. 이는 현재도 바뀌지 않고 있다.

구체적인 내용은 이렇다.

- 재정은 무리한 적자 상태가 아닐 것.
- 당해년도 적자는 GDP 대비 3% 이하, 누적 채무 잔액 GDP 대비 60% 이하일 것.

당시 벨기에, 네덜란드, 스페인 등은 부채 축소 압박에 시달리고 있었다. 이들 나라는 보유 중인 금의 장부가액이 낮아 매각 시점에 시장가액과의 차액으로 재정 적자를 간접적으로 압축하려고 노력했다.

때마침 1990년대는 베를린 장벽 붕괴 이후 동서냉전 구조가 소멸되어 미국이 독주하던 시기였다. 클린턴 정권 시대의 로버트 루빈, 로렌스 서머즈 두 재무장관이 '강력한 달러 정책'을 펼치던 때이기도 했다.

따라서 재정이 여유로운 상황임에도 금리를 낳지 못하는 금을 팔아 미국 국채 등 이자 수입을 얻는 편이 유리하다는 판단을 내린 중앙은행이 유럽을 중심으로 늘어나 금 매각이 진행되었다.

중앙은행에 의한 금 매각 러시

이러한 매각은 1990년대 중반부터 2007년까지 이어졌는데, 특히 문제가 된 것은 1990년 중반부터 1990년대 말에 걸친 금 매각 러시였다. 벨기에가 1995년에 175톤, 1996년에 203톤, 거기에 네덜란드가 1997년에 300톤을 매각했다.

이해는 금 산출국인 호주까지 금을 내다 버리듯 167톤을 매각해 시장에 충격을 안겼다. 산금국은 금의 가치를 낮추는 행동을 자제한다고 여겨졌던 만큼, 시장이 받은 충격은 컸다.

게다가 같은 해 아르헨티나가 125톤을 매각하며 시장의 경계는 더욱 고조되었다. 유로 가입 예정국이라면 앞서 말한 가입 기준을 충족시키겠다는 대의명분이라도 있지만, 호주나 캐나다 같은 금 산출국이 매각을 하자 금 가격에 대한 시장 심리가 낮아져 곧바로 가격 저하로 이어졌다.

세계 중앙은행은 전체 지상재고 중 4분의 1에 해당하는 3만 3,000톤의 금을 보유하고 있었다. 당시 중앙은행은 정책 방침이나 매매에 관해서는 보안을 중시해 금 매각에 관한 사전 발표를 일체 하지 않아, 사후에 발표되는 데이터로 시기와 매각 규모를 추측할 수밖에 없었다. 이런 행동은 시장으로 하여금 금 거래에 관한 의혹을 품게 만들었고, 수많은 억측이 오가는 가운데 가격이 떨어지는 방향으로 흘러갔다.

게다가 헤지펀드 등이 금 매각이 공표되지 않는다는 점을 역으로 이용, 선물시장에서 매도 포지션을 만든 뒤 중앙은행의 매각 소문을 흘려 가격이 떨어지면 금을 되사들여 이익을 남기는 일도 빈번했다.

생산국이 준비한 다보스 포럼에서의 교섭

이러한 일련의 사태로 1998년 세계 거대 기업의 경영인, 대통령과 총리급 정치지도자, 학자, 지식인, 언론인 등이 참석하는 세계경제포럼인 '다보스 포럼'에서 금시장 분과위원회가 구성됐다.

금 매각을 계속하고 있는 유럽을 중심으로 한 중앙은행 관계자에게 당시 남아프리카공화국 앵글로골드나 캐나다 바릭골드, 남아공 골드필즈 같은 대기업 광산의 로비로 이와 같은 논의가 실현된 것으로 보인다. 그런 점에서 로비 활동에 가까운 진정 활동이 있었다 할 수 있겠다.

그때의 내용을 알려주는 기록이 있는데, 당시 기록에 따르면 남아프리카공화국의 무베키 부대통령이 산금국이 많은 아프리카 나라들이 국제 금 가격의 하락으로 궁지에 몰렸다고 호소하면서 이 연설이 참가자들의 마음을 움직였다고 한다.

앞서 말했듯, 당시 IMF가 지정한 고채무 빈곤국HIPC의 태반이 아프리카 국가들이었다. 그들의 귀중한 외화 취득 수단이었던 금의 가격 하락은 바람직하지 않았으며, 금을 많이 보유한 중앙은행 역시 스스로의 자산 가치를 떨어뜨리는 일이기도 했다.

1990년대 세계적 주가 상승 시대에는 소위 말하는 세계 경제의 남북 간 격차도 우려되었고, IMF의 활동을 봐도 금의 하락만은 막겠다는 의도도 있었던 것으로 보인다. 바로 그 IMF가 재원 확보를 위해 금 매각안을 꺼내 들었고, 그 지원 대상의 중심이 이들 아프리카 산금국이라는 사실은 참으로 아이러니하다.

어쨌든 1998년에 열린 다보스 포럼을 계기로, 중앙은행의 금 매각에 관해 일정 규칙을 마련해야 하지 않느냐는 의론이 들끓게 되었다.

금 가격의 전환점

잉글랜드 은행에 의한 매각

1990년 5월, 영국 재무부가 잉글랜드은행BOE이 보유한 715톤의 금 중 415톤을 매각하겠다는 계획을 밝혔다. 이는 입찰 방식으로 매각할 시기와 수량을 공표함으로써 금시장에 미칠 영향을 최소화하겠다는 배려가 담긴 매각안이었다.

이 안에 대하여 중앙은행인 잉글랜드은행은 반대를 부르짖었다. 그러나 영국에서는 재무부가 결정권을 쥐고 있었기에 반대 의견은 기각되었다. 결국, 그해 7월 이후 2개월 간격으로 25톤씩 입찰 매각이 시작되었다.

지휘는 브레아 노동당 정권 시절의 고든 브라운 재무장관이

맡았다. 255달러에서 290달러의 가격대로 매각하기로 했으나 결과적으로는 20년 만의 최저점에서 매각하게 됐다.

그는 2007년 74대 총리에 취임했는데, 이는 때마침 서브프라임 모기지가 발단이 되어 리먼 브라더스가 파산에 이르는 미국발 금융위기가 깊어지던 중이었다.

금융위기 때는 불안 심리로 금 가격이 오르기 쉽다. 역시 이 시기도 금 가격은 기준가를 절상, 다음 해인 2008년에 첫 1,000달러대를 돌파하자 브라운 총리는 영국 의회에서 '헐값으로 금을 매각한 책임'을 추궁당하기도 했다.

잉글랜드은행이 런던 금시장을 독점하고 있었던 만큼, 보유금의 매각은 금 이탈의 상징적인 사건이 되었다. 시장 참여자에게 끼쳤던 영향력도 커, 이미 침체되어 있던 금에 대한 시장 심리를 더욱 훼손시켰다.

지난 40년 동안 금 시세 최저가는 영국이 1차 매도를 시행한 1999년 7월 6일 후에 기록했던 252.80달러다. 당시 금시장에 심리적 영향력을 행사했던 중앙은행이 고수한 금에서 미국 국채 등으로 갈아타겠다는 움직임은, 결과적으로 금시장에 커다란 전환점이 되었다고 할 수 있다.

그때부터 20년 이상에 걸친 금 가격의 반전 시세가 시작되었다. 또 동시에 중앙은행 내부에서 금 매각을 억제하자는 목소리가 높아지게 되었다.

1차 워싱턴 협정 합의

|

영국이 보유 금 매각을 시작하고 두 달 후인 1999년 9월, 미국 워싱턴에서 IMF·세계은행 연차총회가 열려 각국 중앙은행 수뇌부가 한자리에 모였다. 그 기회를 놓치지 않고 유럽 중앙은행 관계자를 중심으로 한 회합이 열렸다. 이 자리에서 당시 독일 연방준비은행(독일 연방은행, 중앙은행)의 총재였던 한스 디트마이어는 중앙은행이 보유한 금의 매각과 대출 규제를 제안했다.

그때까지 무질서하게 진행되었던 각국(특히 유럽국가) 중앙은행의 보유 금 매각으로 인해 금시장은 어떤 나라가 매각에 뛰어들 것인가에 대한 의혹이 팽배해, 시장 심리는 극도로 흔들리고 있었다.

금 가격이 계속해서 떨어지자, 고채무 빈곤국이기도 한 산금국은 궁지에 몰렸으며, 동시에 금은 중앙은행의 보유자산인데 스스로 자산 가치를 낮추는 행동도 문제가 있는 게 아니냐는 의견이 제기되었다. 때문에 중앙은행의 보유 금을 둘러싼 움직임의 투명성을 높이고 시장에 미칠 영향을 줄이기 위한 협정을 맺자는 것이었다.

합의된 내용은, 1999년 9월 27일부터 2004년 9월 26일까지 5년간 매각량을 연간 400톤으로 제한하고 5년 동안 2,000톤을 넘기지 않을 것, 그리고 보유한 금의 대출은 협정 합의 시의 기준을 넘기지 않도록 할 것이라는 내용이었다.

합의한 나라는 시작한 지 얼마 안 된 단일통화 유로에 참여한 1진 11개국을 필두로 유럽 중앙은행ECB 그리고 영국, 스위스, 스웨덴의 세 중앙은행이 협정에 동참, 15개 은행으로 구성되었다. 협정 참가 은행의 금 보유량은 당시 각국 중앙은행에 IMF 등의 국제기관을 포함한 공적보유분 전체의 45%를 차지하고 있었다.

이 협정에 이름을 올리지는 않았으나 미국, 일본, 호주, IMF, 국제결제은행BIS도 의회장에 참관인으로 참여했으며, 후에 협정 취지에 동의함을 밝혔다.

협정의 정식 명칭은 '유럽 15개 중앙은행에 의한 금 매각과 대출 제한에 관한 협정'이다. 영어로는 Central Bank Gold Agreement의 약자인 'CBGA'로 불린다. 일반적으로는 협정이 체결된 지명을 따 '워싱턴 협정'이라고 부르고 있다.

워싱턴 협정 제1항에 '금은 대외준비자산으로서 변함없는 중요한 요소'라고 명시하고 있다. 이는 중앙은행이 금을 보유하는 본래 목적이 인플레이션을 초래하지 않고 통화가치를 지킨다는 데 있었기 때문이다.

주도자는 통화의 파수꾼 '독일 연방은행'

협정 마련에 온 힘을 쏟은 사람은 당시 독일 연방은행의 디트마이어 총재였는데, 각국 중앙은행 중에서도 독일 연방은행의 금에 대한 신임은 무척이나 굳건하기로 유명했다. 이는 금융경제의 IT화가 진행된 현재에도 변함없다.

독일 연방연합은 전통적으로 통화가치를 유지하기 위해 (금리를 올려) 경기를 희생시킨다고 할 정도로 통화의 파수꾼이자 강력한 은행의 대명사였다. 지금도 마찬가지로 ECB내에서 양적완화책 등의 통화 공급 확대에 기본적으로 반대 입장을 취하거나, 매우 신중한 자세로 임하는 곳이 독일 연방은행이다. 유로참여 전의 독일 마르크는 이러한 독일 연방은행의 입장 덕분에 강력한 통화의 대표로 자리매김하고 있었다.

거기에는 과거의 잘못에 대한 영향도 있었는데, 1차 세계대전 후인 1920년대, 과거 바이마르 체제 때 통화의 무분별한 발행으로 하이퍼 인플레이션을 일으킨 독일의 역사가 지금도 독일 연방은행의 DNA에 새겨져 있다.

디트마이어 또한 통화에 대한 신뢰라는 부분에 세심하게 신경을 썼던 독일 연방은행 총재였다. 이러한 인물이었기에 ECB가 1998년 6월에 설립될 당시 외화준비 차원에서 금을 15% 보유한다는 내용을 담았으리라고 본다.

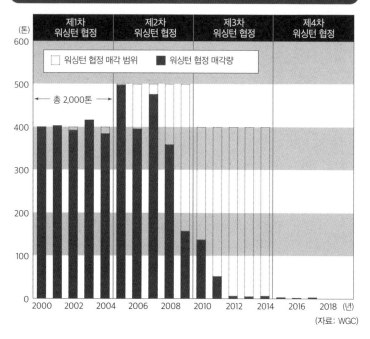

표13 | 워싱턴 협정(제1차~4차)의 매각 범위와 실제 매각량

(자료: WGC)

이러한 배경으로 볼 때 독일 연방은행은 집합체인 유로의 신임을 보완하는 데 금을 이용하려던 것은 아닐까 싶다. 이는 이듬해 워싱턴 협정을 뒷정리할 때 활용했다는 점을 보면 알 수 있다.

또한, 협정 내용에 2,000톤의 제한을 둔 것은 당시 스위스가 1,200톤의 매각 방침을 정해서다. 그 외에도 유럽권 내 중앙은행에서 매각 의향을 내비친 수량을 계산해 그 결과값을 산출했다.

따라서 시장 내 수급으로 도출해낸 숫자가 아닌, 이 정도 선이면 충분하겠거니 하고 정한 수치인 셈이다. 그렇지만 협정이 제대로 기능하기 시작하자 매각 상한선으로서 확실히 인식되었다.

이 협정은 국가 간 조약처럼 강제성이 없는, 어디까지나 중앙은행 사이의 신사협정에 불과하기에 처음에는 남몰래 매각하는 나라가 나오는 게 아니냐는 지적도 있었다. 어딘가에서 규정을 어기면 다른 나라도 따라 하다가 결국 조금씩 협정 자체가 붕괴해버리는 게 아니냐는 우려도 있었다.

그러나 그런 일은 일어나지 않았고, 시간이 흐르면서 규정이 제대로 지켜진다는 인식이 널리 퍼지면서 금시장에서는 협정에 대한 신뢰도가 높아졌다. 언론에서도 이를 호의적으로 받아들이게 되면서, 유럽 중앙은행의 금 매각 움직임은 급속히 시장에서 그 영향력을 잃어갔다.

워싱턴 협정은 금시장에 안도감을 주었다. 협정 의도가 시장에 혼란을 일으키지 않는다는 것이기에 긍정적인 평가를 받을 수 있었다.

매각 상한의 수치화와 매각 의향의 사전 표명은 시장의 투명성을 높여 중앙은행의 금 매각에 의혹이 끼어들 여지를 없앴다. 5년 동안 2,000톤의 물량이 소진됐음에도 시장은 혼란에 빠지지 않았다.

효과를 본 워싱턴 협정의 연장

|

중앙은행의 무제한 금 매각이라는 시장의 억측에 수량 규제로 투명성을 부여, 금시장의 안정화에 기여한 워싱턴 협정은 본래의 목적을 달성하는 2004년 9월 26일자로 그 역할을 마칠 예정이었다. 그러나 이 단계에서 여전히 매각 의향을 가진 나라가 있어, 종료하기로 했던 협정은 연장되었다.

중앙은행 수뇌부는 2004년 3월 스위스 바젤에서 열린 국제결제은행BIS 회합에서 협정 연장에 관해 합의했다. 조기 연장이 결정된 이유는 1차 협정 종료가 가까워짐에 따라 금시장에 여러 억측을 불러일으킬 수 있다는 점 때문에 미리 손을 쓴 것이다.

2차 워싱턴 협정은 2004년 9월 27일부터 2009년 9월 26일까지인 5년 간으로 결정되었다. 참가 중앙은행은 영국이 빠지고 ECB, 그 당시 유로에 가입되어 있던 12개국의 중앙은행과 스위스, 스웨덴의 15개 은행이었다.

매각 제한선은 100톤 늘어나 연간 500톤, 5년 동안 총 2,500톤으로 설정되었다. 사전에 독일이 600톤, 프랑스가 500~600톤, 스위스가 130톤, 네덜란드가 165톤으로 매각 희망량을 밝혔으나 2,500톤에서 벗어나지 않는 양이었다.

여기서도 독일은 흥미로운 모습을 보였다. 독일 재무부는 독일 연방은행이 보유한 3,000톤 남짓한 금 중 600톤의 매각을 계획했다. 국채 등의 투자로 돌려 운용 이익을 재정에 보태려던 묘안이었다.

그러나 이 안은 독일 연방은행에 의해 일축되었다. 2차 협정에서 독일은 600톤의 물량을 확보했지만, 실행하지 못한 채 기한을 맞이했다.

2차 협정을 통해 매각 범위가 늘어났지만, 연간 500톤의 매각 범위에 거의 근접했던 때는 첫해와 3년차 때뿐이었다. 특히 2007년 서브프라임 모기지 사태로 촉발된 금융시장의 혼란이 깊어지는 가운데 금 매각에 적극적으로 나서는 중앙은행도 줄어들어 서서히 매각 범위 자체가 유명무실해졌다.

2008년 9월 26일에 끝나는 2차 협정 마지막 해에는 157톤으로 약 350톤 가까운 매각 범위가 남아, 결국 5년 동안 1,883톤을 매각한 데에 그쳤다. 전체 매각 범위에서 617톤을 남긴 것이다.

3차 협정 매각 범위를 사용한 IMF

|

이 단계에서 협정의 역할은 끝났다는 의견도 제기되었으나, 2009년 9월 27일부터 2014년 9월 26일까지의 기간 동안 3차 워싱턴 협정이 체결되었다. ECB, 그리고 그 당시 유로 가입 16개 국의 중앙은행과 스위스, 스웨덴의 19개 은행이 합의국이 되었

다. 매각 제한선은 발족 때와 같은, 매년 400톤을 넘기지 않는 총량 2,000톤으로 되돌아갔다.

왜 재연장이 되었는가. 실은 2차 협정 기간 중 앞서 언급했던 IMF의 보유 금 매각안 검토가 있었다. 매각이 현실화되었을 때를 대비해 협정 체제를 남겨두는 편이 이득이라 판단했으리라고 본다.

결국 그 예견이 맞아떨어져 403톤의 매각을 결정한 IMF는 인도 중앙은행 등과 거래하고 남은 물량 191톤을 3차 워싱턴 협정 기간 내에 매각할 취지를 2010년 2월에 공표했다. 그때도 어딘가 매입을 희망하는 중앙은행이 있다면 신청해 달라고 요청했다.

그러나 중앙은행의 신청은 없었으며, 이후 매각은 시장을 통해 매달 분산되어 실행, 그해 12월 IMF의 매각은 모두 완료되었다.

특히 언급할 점은, 이러한 IMF의 매각이 있었음에도 2010년은 1988년 이후 22년 만에 공적 부문이(인터넷의) 매수자로서 수요측에 등장한 시점이 되었다는 점이다.

이후 2020년에 이르기까지 10년에 걸쳐 각국 중앙은행 등 공적 부문은 꾸준히 매수세를 이어가고 있다.

계기가 된 사건은 리먼 쇼크로 대표되는 2008년부터 2009년의 국제금융위기였다.

중요한 것은 대출 규제

|

여기에서 하나 더, 워싱턴 협정에 숨겨진 중요 항목을 살펴보려 한다. 협정에 합의한 중앙은행에게 금의 대출을 제한한 부분이다.

실물자산이며 발행처가 없는 금은 금리를 낳지 않는다. 그러나 대형 업체끼리 또는 투자가 사이에서는 금의 대출leasing이 이루어졌는데 이때 수수료가 발생한다. 이를 이자라고 보면 금도 이자를 낳는다 할 수 있다.

이 요율을 '리스 레이트leasing rate'라고 한다. 기본적으로는 그때그때의 달러 차입 레이트나 금시장에서 현물과 선도 가격 차등으로 금리가 제시되지만, 일반 투자가와는 거의 관계가 없다고 할 수 있다.

이 리스시장에서 활약한 곳이 금을 대량 보유한 각국 중앙은행이다. 금리를 낳지 않는 금으로 수익을 올릴 수 있으면 좋지 않겠느냐며 이전에는 대출해주는 곳도 많았다.

1차 워싱턴 협정에서는 매각 제한뿐만 아니라 1999년 9월 27일을 시점으로 대출한 금덩이의 양을 초과하는 대출은 하지 않는다는 항목도 담겼다. 금 가격은 1999년 7월에 250달러 아래로 떨어지기 직전까지 팔리고 있었는데, 그 배경에는 '금을 대량 보유한 각국 중앙은행의 매수에 대한 경계심'이라는 시장 심리와 '각국 중앙은행이 대출을 함으로써 금준비 유동성이 높아져 수요가 악화된다'는 의혹도 컸다.

실제로 각국 중앙은행이 금을 매각함으로써 시장 심리는 악화되었다. 이를 이용하여 투자은행이나 헤지펀드는 차입한 금으로 투기적인 매도 공세를 펼쳤다. 그리고 가격이 내린 시점에 되사들여 이익을 보는 일이 비일비재하게 일어나고 있었다.

약세가 만연한 시장에서, 광산 업체들도 금을 차입해 미래 생산분을 먼저 팔아 돈을 벌려는 일도 횡행했다. 이렇게 되면 평소 공급 이상의 물량이 금시장에 나돌게 된다. 이로 인해 수급 균형이 깨졌고, 가격 하락 폭은 더욱 커졌다.

대량 투기매도와 헤지매도는 중앙은행이 리스시장에 해주는 대출로 가능해졌다. 즉 협정 내용은 암암리에 이 대출 행위를 규제하려 했던 것이다.

앞서 말했듯 일찍이 중앙은행의 움직임에 관한 일들은 모두 극비로 이루어졌다. 때문에 대출 규모 등의 실태가 불분명했는데, 그 또한 시장에 의혹을 자아내는 결과를 초래했다. 1999년 당시 금 리스 시장에서는 대출 잔고가 5,000톤에서 1만 톤 전후로 오른다는 소문이 돌았다. 정확한 데이터를 알 수 없는 가운데, 경계심만 번지고 있는 상황이었다.

후에 일부 보도를 통해 그 양이 약 6,000톤 정도였다고 BIS(국제결제은행)의 담당관이 이야기했다. 그중 광산 회사가 손해를 보지 않기 위해 헤지매도 목적으로 대출해준 양이 약 3,500톤 정도이고, 또 300~400톤은 보석업자를 중심으로 한 실수요용 대출이었다. 남은 2,000톤 남짓이 헤지펀드 등의 투자 목적 차입이었다고 한다.

즉, 계산상 중앙은행이 보유한 금의 20%가 넘는 양을 대출해주고 있었던 셈이다. 단, 이 수치는 추측에 지나지 않는다. 중앙은행이라고 해도 각 은행마다 매도뿐 아니라 대출에 대해서도 신중한 면과 적극적인 면에서 온도차가 있다.

리와인드 캐리 트레이드

어느 쪽이든 워싱턴 협정으로 대출은 규제되었으나, 이 협정은 특히 투기 목적 차입에 대한 대출에 제한을 두는 데 주안점을 두었다.

그때까지 헤지펀드는 빌린 금을 시장에서 매각해 얻은 현금으로 미국 국채나 미국 주를 매입했다. 이를 '골드 캐리트레이드Gold carry trade'라고 한다.

중앙은행은 대출한 금이 매각되면서 금 가격이 하락해, 결과적으로는 스스로 목을 조른 셈이 되었다. 헤지펀드는 금을 판 자금을 운용해 이익을 취하면서, 앞서 말했듯 장 마감 때 내려간 금을 또 싼값에 되사들였으므로 이중으로 수익을 올릴 수 있었다. 대출해준 중앙은행은 (요율로 쳐서) 얼마 안 되는 리스비만 받을 뿐이었다.

중앙은행과 헤지펀드, 어느 쪽이 더 똑똑하게 굴었는지는 일목요연하다.

이때까지는 헤지펀드가 자유로이 금덩이를 리스시장에서 조달해 거저 돈을 벌어들이고 있었으나, 워싱턴 협정 합의 성립은 그 수도꼭지를 틀어막아버렸다.

그것은 헤지펀드나 투자은행의 금 전략 전제가 무너진 순간이었다. 계획이 무너져내린 헤지펀드가 취한 행동은 숏 포지션(매도 포지션) 털어내기였다. 이로 인해 금시장에서는 환매 움직임과 새로운 금으로의 차입 상환이 일제히 시작되었다.

혈혈단신―장기 침체 속 우뚝 선 차트

|

투기꾼들의 이러한 행동을 따라, 광산 회사도 헤지거래(선매도)를 털어내 손해를 보지 않는 움직임을 보였다.

잠잠하던 금시장은 단숨에 달아올라, 금 가격은 급등했다. 그것은 새로운 공황적 매매를 불러일으켜 마치 자그마한 극장의 출입구에 모두가 몰려들어 아우성치는 듯한 양상을 보였다. 이를 '시어터 신드롬'이라고 한다.

그 결과, 금 가격은 협정이 발표된 1999년 9월 26일 다음 날인 27일부터 불과 7영업일만에 21% 급등했다. 거래결제를 하기 위해 리스시장의 레이트도 뛰어올라 순간적으로 10%가 급등했다. 이는 사상 최고 수치이다.

당시 수직상승한 시세는 차트상에서는 이후 금 가격의 장대한 상승세를 암시하는 듯이 보였기에 금시장에 신호탄이 올랐다고 생각했다. 예상대로 이듬해 2000년에는 미국에서 대통령 선거 결과 정권 정당이 교체, 외교에서도 군사적 측면이 강해졌다. 그 때문에 지정학적 리스크가 높아지게 되었다.

워싱턴 협정이라 하면 매각 제한을 먼저 주목하지만, 내부요인으로는 대출 제한이 금시장에 보다 더 큰 영향을 미친 것이다.

중앙은행의 스탠스 변천

|

금시장의 역사적 흐름에 관해서는 제4장에서 자세히 다루겠지만, 여기에서는 중앙은행에 초점을 맞추어 입장 변화를 훑어보려 한다.

1970년대는 세계적인 인플레이션 심화까지 더해져 달러와 금의 교환성이 중지된 1971년부터 1980년대까지 금이 중앙은행의 중핵자산으로서 인식되었다. 특히 1980년대에는 미국의 무역과 재정 적자 확대가 가속화되어, 미국의 '쌍둥이 적자'가 세계 경제의 문제점으로 인식되면서 달러에 대한 신뢰도가 하락했다.

하지만 금을 매각하려는 움직임은 전 세계적으로 위축될 수밖에 없었다. 외화준비의 대부분을 달러가 차지하고 있어 오히려 미국에 협조하여 서포트하려는 쪽으로 돌아설 정도였다. 중남미 국가들의 재정 위기도 신용 리스크가 없는 금에 관심을 돌리게 만들었다.

그러나 1990년대에 들어서 환경은 서서히 바뀌었다. 장기간 이어진 미국과 구소련(러시아) 사이의 동서냉전 종료와 베를린 장벽의 붕괴가 계기가 되어 사회주의 국가들의 자유화가 진행되었다. 이른바 구 동쪽이 서쪽에 흡수되는 형국이 되면서 미국은 명실상부한 패권 국가로서 입지를 굳히게 되었다.

당시 미국에서 인터넷 기술이 공개되면서 IT시대라는 새로운 산업이 부흥하기 시작한 것도 일조했다. 정치적 패권과 함께 경제적 발전도 손에 쥔 미국이 장악한 통화 '달러'는 명실상부한 기축통화로서 위치를 다져, 더 위상이 높아졌다.

특히 1990년대 후반의 미국은 '홀로 승리'라는 표현도 생길 정도로 경제가 부흥했다. 당시에는 '위기 시의 금'이 아닌 '위기 시의 달러'라고 불렀다. 이는 미국이 '강력한 달러 정책'을 펼쳤기 때문도 있었다.

당시는 과거 50년 중에서도 가장 달러가 찬란히 빛나던 시기기도 했다. 때문에 반대로 금에 대한 중앙은행의 입장도 달라졌다. 갖고 있어 봐야 이자도 생기지 않는 금보다 외화준비의 중심인 달러와 이어지는 미국 국채를 보유하는 쪽으로 기울어졌다.

이미 이 장에서 자세히 언급했듯이 단일화 유로 도입의 재정 기준을 충족하기 위해 EU 가맹을 꾀하던 유럽 각국 중앙은행은, 운영이익 목적의 자산 재편성을 위해 보유하고 있는 금의 매각을 진행했다.

이에 따라 금 가격은 1999년 7월, 20년 만에 최저치인 250달러대로 내려앉았다. 런던 현물시장을 오랫동안 감독해온 영국 중앙은행마저 보유한 금을 매각한 일은 마지막 선까지 넘어버렸다는 느낌을 주었다.

이 무렵은 금시장의 암흑기라 해도 과언이 아니다. 이 시기에는 그때까지 수년간에 걸친 금 가격 하락 배경에 미국의 은밀한 보유 금 매각이 있다는 소문까지 돌 정도였다. 이에 대해 2000년 1월 초, 뉴욕에서 열린 경제회의에서 기자들의 질문을 받았을 당시 로렌스 서머스 미국 재무장관은 '미국은 금을 매각하지 않았으며 매각할 계획도 없음을 단언한다'고 답했다.(로이터, 2000년 1월 8일)

결국, 이러한 중앙은행의 매도는 이미 말했듯 워싱턴 협정의 등장으로 투명성 높고 질서 정연하게 바뀌었다. 헤지펀드 등의 투기꾼이 개입하기 어려운 환경이 되었기 때문에 중앙은행의 매각이 시장에 끼치는 영향은 감소했다.

그렇다고 중앙은행의 금 매도가 완전히 멈춘 것은 아니었다. 전환점은 2008년 가을에 급격히 고조된 국제금융위기와 그 대응책으로 FRB가 취한 시장에 대한 대규모 자금 공급이었다.

함께 발생한 그리스 등 남유럽 국가의 국채 신용등급 저하(소버린 리스크 상승)도 있어 이율 중시의 금 매각은 단숨에 재검토되었다.

오히려 신용 리스크가 없는 안전자산으로서 대량 공급되기 시작한 달러 및 미국 국채에서 금으로 회귀하려는 움직임이 신흥국 중앙은행 사이에서 일어났다.

이러한 금으로의 회귀는(FRB가 금리 인상으로 전환, 양적완화책의 종료가 가까워짐에 따라 사그라지는 듯 보였다.) 2018년에 새로운 전환점을 맞이한다.

양국 패권 다툼의 시작으로 꼽히는 미·중 통상마찰의 고조, 영국의 EU 탈퇴를 둘러싼 움직임 등 지정학적 위기 고조로 다시 금의 매입을 부추기는 요인이 나타난 것이다. 이에 따라 중앙은행 주도의 2018년 인수량은 1971년 이후 최고 수준에 이르렀다.

2020년 봄부터 시작된 코로나 쇼크로 전 세계에서 일제히 경제활동이 멈춘 가운데, 각국 중앙은행은 자국 경제의 서포트에 급급한 상황이었다. 이번 경제 위기는 1930년대의 세계대공황에 필적했으며, FRB 역시 2008년 국제금융위기를 훌쩍 뛰어넘는 정도의 자금 공급에 나서고 있다. 다른 주요 중앙은행도 일제히 통화 확산 정책을 취하고 있어 통화 공급은 급격히 늘어났다.

사태는 차차 진정되었지만, 그 뒤치다꺼리라고도 할 수 있는 정상화의 길은 멀기만 했다. 그가운데 중앙은행의 금 중시 포지션은 점점 더 높아질 것이다.

또한, 각국에서 IMF에 자금 지원 요청이 늘고 있어 IMF는 재원 확보를 위해 보유 중인 금 매각안을 내놓는다 해도 이상할 게 없는 상황이다. 그러나 결정까지는 시간이 필요하다. 설사 결정된다 하더라도 2021년 이후가 될 것이다.

그리고 매각에 착수할 때에도 먼저 각국 중앙은행에 운을 띄운 뒤, 매각 예정량을 인수하겠다는 곳이 없는 경우엔 시간을 들여 금시장에 영향을 미치지 않는 기존의 방법을 따를 것이 분명하다.

2009년 인도의 경우처럼 일정량을 인수하겠다고 신청할 중앙은행이 나올 가능성이 매우 높다.

PART 4

과거 50년간의 금융, 정치 이벤트와 금의 움직임

반세기 전에 일어난
대변화

고정 시세의 종언

1971년 8월 15일 닉슨 대통령은 새로운 경제정책을 발표했다. 여기에는 임금이나 물가 동결 같은 내수용 정책과 국제통화 체제를 뒤흔드는 달러와 금의 교환 정지가 포함되어 있었다.

그때까지는 1온스당 35달러라는 고정가격으로 달러와 금의 교환을 보증해줌으로써 달러 가치는 국제적으로 인정을 받았으며, 각국 통화도 달러 기준으로 교환환율을 정해두고 있었다. 이 교환 중지는 사실상 '달러의 평가절하'를 의미했다.

통화제도의 변경은 세계 무역과 금융거래에도 큰 영향을 미친다. 그러나 주요국 간에 아무런 사전 정보도 상의도 없이 갑자기 발표되는 바람에 당시 세계 경제는 혼란에 빠졌다. 이를 '닉슨 쇼크'라 부른다.

금을 통화가치의 기반으로 삼는 금본위제는 미국만이 유일하게 유지하고 있었다. 다만 이 제도가 없다면 FRB는 통화 발행을 자유롭게 할 수 있다. 이론적으로는 FRB가 달러화를 발행하면 할수록 달러 가치는 약해지고, 상대적으로 금 가격은 상승하는 셈이다.

닉슨 쇼크로부터 3년에 걸쳐 환율은 현재와 같은 변동환율제로 이행되었고, 고정가격이었던 금도 자유화되어 시장에서 거래되게 되었다. 이때부터 그때그때의 금융경제 환경을 반영한 가격변동이 시작되었다.

1980년-버블화된 금

거품 시세의 전조 '달러 가치의 감가'

금 가격은 닉슨 쇼크 이후인 1970년대 말에 폭등해 전 세계의 주목을 받았다.

당시 G10(주요 10개국 재무부 및 중앙은행 총무 회의)에서 논의가 이루어진 외환시장의 고정환율에서 변동환율로의 이행은 단계적으로 이루어졌다. 논의의 핵심은 달러 환율 인하였다. 회의를 주도한 사람은 당시 존 코널리 미 재무장관과 후에 FRB의장이 되는 폴 볼커였다.

당시 미국은 1960년대의 베트남 전쟁의 장기화라는 요인도 있어 재무적자는 불어나고 무역수지도 적자에 빠져 신음하고 있었다. 이른바 '쌍둥이 적자' 상태였다.

금본위제 포기도 '금과 교환할 수 있는 달러', 이른바 금의 믿음을 사용했던 부분이 미국을 괴롭혀서이다. 이 믿음으로 인해 달러 강세가 이어져 미국 재정까지 비명을 질렀다. 쌍둥이 적자를 끌어안은 상태라 재정이 어려운 상황인데도 자국통화인 달러를 자유로이 발행해 재정 상태를 가볍게 할 수가 없었다. 교역 면에서도 과잉평가를 받았던 달러로 미국은 골머리를 앓고 있었다.

금본위제의 포기라는 달러 약세 정책은 도리어 미국에 강렬한 인플레이션을 안겨주었다.

금 가격이 변동가격이 된 1970년대 말 미국 경제에 인플레이션이 찾아왔고, 정치적 측면에서는 지정학적 리스크가 커졌다. 특히, 양대 강국인 미국과 러시아(당시 소비에트 연맹) 사이의 긴장이 고조된 상태였다.

그 도화선이 된 것은 두 차례의 오일 쇼크였다. 1973년 1차 오일쇼크가 일어났다. 사우디아라비아와 쿠웨이트 등 중동 산유국이 생산량을 줄여 수출을 멈췄다.

방아쇠는 중동에서 일어난 이스라엘과 아랍권 나라들의 전쟁이었다. 유가는 치솟아 당시 1배럴(159리터)당 3달러였던 것이 석 달 사이에 11.65달러까지 올랐다. 값싸고 안정된 기름값이 일반적이었던 세계 경제는 근본이 되는 조건이 크게 변하면서 인플레이션이 진행돼 대혼란을 빚게 됐다.

이후 유가는 점차 기본가가 높아졌다. 당시 미국 소비자 물가지수(인플레이션율)는 1960년대 평균 약 2.5%에서 3배인 약 7.5%로 치솟았다. 그 와중에 1978년 이란혁명이 일어나면서 이란의 석유 생산이 멈췄다. 이것이 2차 오일쇼크를 불러왔다.

유가는 1배럴당 18달러에서 39달러로 뛰었고 세계는 두 자릿수 인플레이션에 돌입했다. 이런 가운데 금이 매입되기 시작했다. 왜냐하면 인플레이션은 통화가치를 떨어뜨리기 때문이다. 그러나 금은 실물자산이며 인플레이션에 강하다. 몇 년 전만 해도 달러가치를 뒷받침했던 만큼 금 가격의 급등은 당연한 일이라 할 수 있었다.

오일 달러와 지정학 리스크의 콜라보

|

당시 금 구매로 두각을 나타낸 곳은 중동 산유국이었다. 유가는 올랐지만 수출대금으로 받은 달러가 문제였다. 인플레이션과 달러 발행량 증가로 달러화 가치가 떨어져 실질적으로 받는 돈이 줄었다. 산유국들은 수령액을 늘리기 위해 유가를 더 올릴 계획을 세웠으나, 이는 세계적인 인플레이션의 원인이 되어 결국 다시 자국에 악영향을 끼치는 형국이었다.

그러자 금에 눈을 돌리기 시작했다. 받은 달러를 금과 바꾸면 가치를 유지할 수 있어 안심할 수 있다는 계산이었다. 오일 머니가 화살을 겨눈 금 가격은 빠른 속도로 상승했다.

여기에 지정학적 요인도 추가됐다. 이 시기에는 앞서 언급했듯이 민주주의와 자유주의(시장경제)의 패권국인 미국과 사회주의의 패권자인 러시아가 패권을 다투고 있었다. 직접적인 교전은 없었지만 양국이 핵군비 확장을 다퉜기에 이 시기를 미소냉전Cold War 시기라 불렀다. 세계 어딘가에서 분쟁이 일어나면 반드시 그 뒤에는 미국과 러시아가 존재했고, 분쟁은 대리전의 양상을 띠고 있었다.

양국의 핵 보유가 억제된 지금도 마찬가지지만, 당시에는 조금만 긴장이 고조되어도 3차 세계대전이 발발할 수도 있다고 믿었다. 지금은 상상하기 힘들지만, 허황된 이야기는 아니었다.

그런 러시아가 1979년 10월 아프가니스탄을 침공했다. 이는 구 유럽 국가들의 개입 저지와 새로 출범한 사회주의 정권에 대한 지원이 목적이었다. 게다가 11월에는 이슬람혁명 지도자였던 호메이니를 지지하는 학생들이 당시 이란 주재 미국 대사관을 점거하는 사건이 발발해 미국과 이란 사이의 긴장도 고조되었다. 이 사건 모두 분쟁지가 걸프 산유국과 가까워 문제가 꼬이면 세계 원유 공급이 어려워져 오일쇼크로 이어질 우려가 있었다. 이 또한 금시장에는 자극 요인이 되었다.

당시의 금 가격을 살펴보자. 1979년 9월 말에 315.10달러였던 금 가격은 1980년 1월 21일 850달러까지 치솟았다. 불과 넉달도 지나지 않아 534.9달러, 2.7배 수준에 이르러 그야말로 버블 시세를 형성했다. 1979년 말 가격이 524달러였는데, 당시 버블 시세의 마지막은 한 달도 안 돼 62%나 급등했다. 800달러대를 유지한 것은 불과 2영업일로, 최고가를 기록한 5영업일에는 624달러까지 내렸다.

이때 일본 내 엔화 표시 금 가격은 1그램당 6,495엔(당시는 소비세 없었음)으로, 코로나19 발생 이후 최고치를 갱신할 때까지는 사상 최고치 기록이었다.

덧붙이자면 달러 표시 가격 850달러는(2008년 1월 2일에 갱신될 때까지) 28년에 걸친 달러 표시 가격 사상 최고치였다.

'위기 시의 달러' 뒤에
가라앉은 금

달러 부활을 의미한 '베를린 장벽의 붕괴'

1980년대 재정과 무역이라는 쌍둥이 적자 확대로 발행량을 늘린 달러는 언제부턴가 '잉여 달러'라며 세계 금융시장의 걱정거리가 되어버렸다. 대부분 언젠가 인플레이션이 오거나 달러 가치가 폭락할 것이라 예상했다. 1985년 주요 5개국G5 재무장관과 중앙은행 총재가 뉴욕에 모인 회의에서 달러를 평가절하하기로 했을 정도였다. 플라자 합의라고 불리는 이 회의를 계기로 엔화 상승과 달러 하락이 급격히 진행되었다.

큰 전환기는 1989년 11월의 베를린 장벽 붕괴로 상징되는 옛 사회주의권(소련 및 동유럽권)의 시장 경제화였다. 게다가 인구대

국인 인도와 중국에서도 시장경제화가 시작되었다.

이것이 미국에 플러스로 작용했다. 시장경제의 범위가 확대되고 달러 수령자가 늘어나면서 '달러가 남아도는 상황'이 해소되기 시작했다. 자국 화폐가 타국에서 널리 유통된다는 것은 말하자면 금리 지불도 상환도 필요 없는 국채(제로쿠폰)를 발행하는 것과 같다. 비용이 매우 저렴한 자금을 사용할 수 있는 미국이 세계 경제에서 우위에 섰음은 말할 필요도 없다. 달러는 기축통화로서 위상이 더욱 높아졌다.

거기에 소위 말하는 평화배당이 추가되었다. 동서냉전 구도가 끝남으로써 미국은 거액의 군사비를 삭감, 새 산업 육성과 교육 확충 등에 배분할 수 있게 되었다.

또 하나는 군사용으로 개발되고 있던 인터넷 기술의 대중 공개였다. 인터넷 원년으로 꼽히는 1995년에 새로운 산업이 미국에서 발표되기 시작했다. 웹사이트가 속속 공개되고 다양한 정보가 제공되었다. 그것들은 당연하게도 미국발 영문 정보가 주류였다. 달러와 함께 영어라는 언어도 국제 공통어로서 지금보다 더 중요시 되었다.

이러한 환경으로 인해 1990년대는 금에게 시련의 시대였다. 지정학적 리스크가 진정되고 평화와 번영의 시대가 찾아오면서 '독주'로 표현되던 미국의 번영이 두드러졌던 10년 동안은 안전자산으로서의 금이 나설 자리가 없었다. 오히려 이자도 배당도 없는 불모자산이라는 마이너스적인 면이 두드러졌다.

1990년대 후반에는 유럽을 중심으로 많은 중앙은행이 외화 준비로 보유하던 금을 차례로 매각하고 미국 국채 등 금리를 파생하는 자산으로 갈아타기 시작했다. 마지막으로 세계에서 가장 오래된 런던 금 현물시장을 관리 및 감독했던 영국 중앙은행인 잉글랜드은행마저 보유 금 매각을 시작해, 금은 20년 내 최저치로 떨어지게 되었다.

강력한 달러와 미국의 번영

미국 입장에서 금융환경이 호전하는 가운데, 이를 뒷받침한 것이 클린턴 정권하에서 활약했던 루빈 재무장관이 내건 '강력한 달러정책'이었다. 대기업 투자은행이던 골드만삭스 임원에서 재무장관으로 취임한 그가 이 정책을 밀어붙임으로써 전 세계 자금이 미국으로 몰려 경제는 활황세를 띠고 주가는 빠르게 상승했다. 2기에 접어든 클린턴 행정부는 자본거래의 자유화를 실시, 금융 분야의 규제 완화도 동시에 진행하고 있었다. 당시 미국의 개인자산은 주식이 반 이상을 차지하고 있었다. 그런 상황에서 주가 상승은 자산 증식 효과에 의한 소비심리를 끌어올렸다. 경기 호황은 주가 상승으로 이어져 선순환을 낳는 금융주도

경제가 형성되었다.

그런데다 인플레이션에 관한 징후조차 없었다. 달러 강세에다가 구 사회주의권을 필두로 한 노동 비용이 낮은 국가로 생산거점이 옮겨지면서 값싼 제품의 유입이 물가상승을 억제했다.

주가가 가파르게 오르는 가운데 1996년 당시 FRB 의장이었던 앨런 그린스펀은 '실물보다 더 값이 오르며 설명할 수 없는 주가 급등 현상에 근거 없는 열광'을 계속한다며 주식시장에 경고를 보냈다. 하지만 점입가경으로 강력한 달러는 어느덧 너무나 강력한 달러로 돌아섰다. 단기 잉여자금은 신흥국으로 몰리며 일종의 버블 상태가 되었다.

버블은 언젠가 꺼진다. 1997년 7월에 태국 통화인 바트의 대폭락을 시작으로 아시아 통화 위기가 발발했다. 외환위기는 인도네시아, 필리핀, 말레이시아로 이어졌고 한국은 국제통화기금 IMF 관리 체제에 들어섰다. 이 흐름은 재정 악화가 심각했던 러시아에도 영향을 끼쳤다. 러시아 정부는 대외채무 지불을 90일 동안 중지하면서 디폴트(채무불이행)에 빠졌다. 이로 인해 루블이 폭락하면서 러시아 재정 위기로 이어졌다.

러시아의 디폴트는 당시 유명 헤지펀드인 롱텀 캐피털 매니지먼트LTCM를 파산 위기로 몰아넣었다. 이 펀드의 운용에는 최첨단 금융공학 연구로 노벨상을 수상한 학자가 여럿 연관되어 있어서, 유럽과 미국 금융기관은 같은 펀드에 거액의 자금을 맡겨놓고 있었다.

또, 당시 LTCM의 운용법을 따라한 펀드가 다수 있었는데, 주력 금융기관이 결산에 반영되지 않는 오프밸런스(부외자산)로 보유하고 있었다. 역시 같은 위기를 맞았다.

이대로 내버려 두었다간 세계적인 금융위기로 발전할 가능성이 매우 높았기에, LTCM을 파산시킬 수는 없었다. 이때 FRB가 움직였다. 정책금리를 인하하고, 사태가 절박한 가운데 각 주력은행에게 LTCM에 대한 긴급대출을 실행시켜 '원만한 해체'로 가는 길을 열어주었다.

위기에 반응 없이 팔렸던 금

이런 일련의 흐름에서 금은 별다른 반응을 보이지 않았다. 인플레이션 없는 경제 성장과 주가 상승 속에 캐시플로(이자)를 낳지 않는 금은 투자 대상으로서 논외라 잽싸게 팔고 미국 국채나 미국 주식을 사야 한다는 풍조가 강해지고 있었다.

더 큰 이유로는 도피처로서 달러가 '위기의 방파제'라는 믿음을 지니고 있는 데 있었다. 무슨 일이 있어도 달러를 가지고 있으면 안심할 수 있는 시대였다. '위기 시의 금'보다 '위기 시의 달러'가 우선시됐다. 과거 50년 중에서 달러가 가장 빛났던 시기가 1990년대였고, 반대로 금은 빛을 잃어가던 시기였다.

이 시기는 유럽을 중심으로 중앙은행 내에서도 캐시플로에 중점을 두고 전통적인 금의 기능을 경시하는 의견이 높아져 대량의 금 매각이 이루어지고 있었다. 미국의 독주를 낳은, 무르익은 금융환경과 달러가 빛을 발하던 시대는 2000년 이후의 'IT버블 붕괴'로 막을 내렸다.

전환기가 된 2000년

미국 정치 흐름의 변화

금시장에서 2000년은 하나의 전환점을 나타내는 해다. 1999년 가을 중앙은행의 보유금 매각과 대출에 제한을 거는 '워싱턴 협정'이 성사되면서, 수급상의 큰 염려 요소가 후퇴했다. 더욱이 이 해에 미국 집권 정당이 민주당에서 공화당으로 바뀌고 1990년대 국제 금융과 정치 분야를 이끌어온 미국의 정치 흐름이 바뀌면서 리스크 요인도 바뀌어 금시장의 흐름에 영향을 미치기 시작했다. 1990년대부터 새로 생긴 IT 기업이 주식시장에서도 인기몰이를 했으나 2000년은 이 IT버블이 꺼진 해이기도 했다.

대체로 2000년부터 2005년까지의 금 가격은, 현재까지 이어지는 상승의 토대가 형성된 시기라 할 수 있다.

2000년은 미국에서 대통령 선거가 있던 해다. 제41대 대통령의 아들인 공화당의 부시와 클린턴 정권의 부통령 앨 고어가 맞붙으며 대접전을 벌였다. 득표 집계에서 문제가 발생해 11월 투표일부터 한 달이 넘도록 차기 대통령이 결정되지 않는 초유의 사태가 발생했다. 결과적으로 부시 공화당 정부(이하 부시 행정부)가 출범하게 됐지만, 트럼프 대통령 때처럼 선거인 수는 앞섰으나 득표수는 민주당 후보인 고어보다 낮았다.

이 일은 부친이 무명 후보인 빌 클린턴에게 패배해 재선에 성공하지 못한 부시 대통령에게 재직 중 지지율을 필요 이상으로 신경 쓰게 만든 요인이었다. 발족한 정권은 클린턴 민주당 정권 하에서 루빈과 서머스, 두 전 재무장관으로 대표되는 재무부 중심의 금융 시대에서, 도널드 럼즈펠드와 폴 울포위츠 전 정부 부장관을 리더로 삼은 국방부 중심 시대로 크게 방향을 틀었음을 세계에 인식시켰다.

부시 정부 출범 첫해인 2001년 9월에는 '9·11 테러'가 발생해 국방부 중심 시대를 상징하는 흐름을 가속화시켰다.

9·11 테러 발생 후, 부시 정권은 곧바로 테러 조직이 거점을 두고 있다고 알려진 아프가니스탄을 공격했는데, 이때 90%라는 경이로운 지지율을 얻었다.

그것은 곧 정권 포지션의 방향 잡기로 이어졌다. 이후 미국은 일시에 전시 체제로 돌입하기 시작했다. 때마침 IT버블이 꺼지면서 경기가 후퇴하기 시작했던 미국이었으나, 군사 수요가 높아지면서 경기에는 플러스 효과를 가져왔다.

정책적으로는 신보수주의에 의해 '국익을 위해서는 선제공격도 불사한다'라는, 훗날 부시 독트린으로 이어지는 강경외교 쪽으로 기울어졌다. 지금 돌이켜 보면 그 끝에는 이라크 전쟁이 기다리고 있었다. 지정학적 리스크가 높아질 것으로 예견되는 가운데, 금시장은 하한가를 절상하는 흐름으로 돌아서게 되었다.

금시장에 자금을 끌어들인 금 ETF

|

IT버블이 꺼져 경기 후퇴에 빠진 미국에서는 FRB가 2001년 들어서 대규모 금융완화를 개시한다. 정책금리를 연속 인하함과 동시에 9·11테러의 발생도 있어 긴급금리 인하를 포함해 연간 11회, 합계 4.75%나 되는 인하를 실시했다. 연초에 6.5%였던 페더럴 펀드 레이트의 유도 목표는 연말에는 1.75%가 되어 단기간으로는 유래가 없을 정도의 낙차를 기록했다.

2002년에 들어서도 FRB는 금리 인하를 계속해, 2003년 6월 정책금리는 당시 사상 최저인 1%까지 떨어졌다. FRB는 동시에 통화 공급량도 늘리고 있었다.

달러 기준 금리의 급격한 하락으로 금에는 순풍이 부는 환경이 마련되었다. 참고로 이 당시의 사상 최대 규모의 완화책은, 훗날 미국 주택 버블과 그에 따른 주택증권의 증권화 버블 끝에 리먼 쇼크로 이어지게 되었다.

이러한 타이밍에 금시장 내에서도 그 후의 가격 형성에 커다란 영향을 주는 상품이 등장했다. 바로 2004년 11월 금 ETF 'SDPR 골드셰어'의 뉴욕증시 상장이다. 지금도 금 ETF의 최대 종목이다.

이 상품은 상장 준비에 들어가고 나서 실제 SEC(미 증권거래위원회)의 인가를 받기까지 2년 반이 걸렸다. 지금으로 치면 말도 안 되게 오래 걸렸지만, 자유화가 진행되고 있다는 이미지가 강한 미국 시장에서조차 현물 가격으로 연동되는 상품(코모디티)을 증권화해 상장하는 데 시비가 제기되었기 때문이다.

이 상품은 실물자산인 금에 '투자신탁'이라는 옷을 입혀 금융상품으로 만든 것이다. 증시에 상장함으로써 금융상품으로서 유동성을 확보했지만 실질적으로는 실물 자산인 셈이다. 즉, 금융(돈)과 상품(코모디티)의 양면을 겸비한 횡단적인 상품이었다.

증권화로 인해 상품 투자를 인정하지 않는다는 펀드 운용상의 규제를 해소할 수 있다는 점과 더불어 '금 자체를 보유하거나 이송할 때의 비용이 비싸다'는 투자상의 장애를 없앤다는 장점이 있어, 이 ETF를 통해 연금기금 등의 (금시장을 향한) 신규 진입을 촉진하게 되었다. 원래 금융시장에서 금시장으로 자금을 끌어들이는 도관conduit으로서 개발된 금 ETF인 만큼 그 의도가 결실을 맺게 된 셈이다.

금 ETF의 탄생은 금시장의 수급 구조를 바꾸어 가격 흐름 자체를 바꾸어놓았다. 제2장에서 게재한 〈표8〉은 ETF의 잔고와 금 가격의 추이를 살펴본 도표인데, 명백히 가격 상승의 요소가 되었음을 볼 수 있다. 2020년 6월 19일 시점의 금 ETF 총 잔고는 중량 기준으로 3,569톤, 시가 1,991억 달러(약 235조 7,000억 원)로 사상 최고가였다.

2008년 리먼 쇼크 직후
금의 움직임

1930년대 대공황 시대의 재림을 우려

리먼 쇼크에 의한 세계 금융경제 혼란에도 금시장의 움직임은 고유의 자산 특징을 나타냄과 동시에 금시장에 새로운 수요를 낳기도 했다. 미국에서는 신용이 낮은 개인을 대상으로 한 주택 융자(서브프라임 모기지)의 부실과 관련 금융상품의 가격 급락으로 시장 혼란이 표면화되었으며, 2007년 9월에는 대기업 금융기관 시티그룹이 곤경에 처했다는 소식이 들려왔다.(후에 공적자금 투입)

그로부터 1년 후 정부와 금융당국FRB의 대응책이 무색하게 결국 위기가 시작됐다. 2008년 9월 15일 미국 대형 금융 회사인

리먼 브라더스가 파산했다. 무너질 리 없었던 고 신용평가 투자
은행의 파산은 결산에 드러나지 않는 부외(오프밸런스) 투자회사
의 부실화에서 비롯되었다.

위기가 연속적으로 일어난 이유는 당시 대부분의 대형 금융
기관과 투자은행이 쓰던 투자 기법이 모두 비슷했기 때문이다.
즉, 표면적인 결산이나 높은 등급 등은 믿을 게 못 되어 금융기
관끼리 서로 신용할 수 없는 상태가 되어버렸던 것이다.

금융거래는 시들해지고, 돈의 흐름은 얼어붙어 신용경색(크레
디트 크런치)이 일어났다. 금융경제 속에서 돈의 흐름이 멈춘다
는 것은 인체로 치면 혈관이 멈춘다는 것을 의미한다. 멈춘 부
위에 따라 치명타가 되거나 살아남는다 해도 후유증이 남는다.
세계적으로 번지는 위기 속에서 주가는 떨어지고 돈의 흐름은
막혔다. 이후 세계 경제는 무역량이 줄며 급격히 위축되었다.
이대로 방치했다가는 1930년대 대공황 시대가 다시 올지도 모
른다는 절박한 우려가 나타났다.

달러 조달로 팔린 후 사상 최고치 갱신

이 위기를 맞아, 금시장에서는 인상적인 가격 변동이 이루어졌
다. 당시 700달러대 후반이었던 금 가격은 리먼 파산 후 약 한

달 뒤인 2009년 10월 10일, 936.30달러까지 치솟았다. 그야말로 안전자산인 금으로의 도피Flight to Quality였다.

그러나 그날을 기점으로 반락, 2주 후인 10월 24일에는 한때 681달러로까지 떨어졌고, 종가는 730.30달러였다. 불과 10영업일만에 약 260달러, 비율로 치면 27%, 그야말로 폭락이었다. 전대미문의 경제위기 발생 가운데 가치가 사라진 금. 위기 발생 때마다 몸값이 올라갔기에 '자산보험'이 아니었던가.

필자는, 실은 이 하락이야말로 금이라서 일어난 현상이라고 보고 있다. 국제적으로 금융 기능이 마비된 가운데 신용력 있는 금융기관이나 기업에서도 현금 조달, 특히 기축통화인 달러 조달이 어려워졌기 때문이다.

하지만 금은 문제없이 달러로 바꿀 수 있었다. 이때의 하락은 위기 대응으로서 보유하고 있던 금을 달러로 바꾸는 움직임에 따른 특수한 내림세였던 것이다. 그야말로 '이러한 사태에 대비해 금을 보유하고 있었다'고 할 수 있다.

일의 성격상 펀드(기업, 금융기관)가 필요한 만큼 팔리면 거기서 그치는 흐름이었다. 실제로 저가가 된 681달러를 저점으로 금 가격은 반전, 그해 3월에 대기업 투자은행인 베어 스턴스 파탄 때 기록한 (당시) 사상 최고치인 1,033.90달러를 다음해인 2009년 10월에 돌파했다. 그 후 계속해서 역대 최고치를 갱신, 2011년 9월 최고가 1,023.70달러까지 뛰어올랐다.

코로나19 사태와 다른 점

|

이번 신종 코로나 바이러스를 계기로 같은 금 매도가 일어났다. 리먼 쇼크 때와 다른 점은 금융기관의 재무 내용이 손상되지 않았다는 점이다. 감염 확산을 막기 위한 활동 규제로 경제가 축소되어 금융시장에 미칠 영향을 염려해 주식 등이 크게 팔려나갔다. 따라서 이번 환금 매도 규모는 리먼 쇼크 때에 비해 작았다.

이번에 달러 현금을 필요로 한 곳은 그림자 은행이라 불리는 헤지펀드나 ETF 같은 투자신탁으로 한정되어 있었다.

다만 코로나19 종식이 예상보다 빠르게 이루어지지 않아 금융 불안이 장기화되고 있어 대출 상환이 막막해질 개인이나 기업 수가 늘어나면 불량채권이 늘어날 우려가 있다. 그렇게 되면 금융기관의 재무제표가 손상되어 위기에 이를 가능성도 없지 않다. FRB 등 주요국 중앙은행도 바로 이 점을 경계하고 있다.

원유와 구분되는 백금

|

이야기를 2008년으로 되돌려, 금과 다른 상품(코모디티)의 특성 차이를 생각해보자. 당시 BRICs 붐이 일었다. 1차 산업품 수요가 확대될 거라는 관측에 에너지부터 금속, 농산품에 이르기까

지 상품 시세가 일제히 급등한 시점이었다. 중국과 인도처럼 인구가 많은 국가의 성장이 1차 산업품의 '대소비'를 일으킬 것이라는 예측 때문에 상품 투자가 각광을 받았다.

가격이 많이 오른 상품 중에는 백금, 원유wn가 있었다. 백금은 2008년 3월에 2,276.10달러, 원유는 같은 해 7월에 147.27달러로 각각 사상 최고치를 기록했다. 다만 리먼 쇼크 후 경기 침체 속에서 시장의 상품 수요 확대에 대한 기대가 단번에 가라앉았다. 두 상품 모두 가격 급락에 빠졌다. 같은 해 10월에 700달러대 중반, 원유는 같은 해 12월에 30달러대로 팔리면서 그야말로 대폭락을 맞았다. 두 상품 모두 매도세가 일순한 뒤 반전 상승세로 돌아섰지만 2008년에 기록한 최고가를 2020년 6월에 이르기까지 돌파하지 못했다. 상품군 가운데 오직 금만 일찌감치 반전해 고공행진을 이어갔던 배경에는, 통화적 측면이라는 금만의 특성을 파악한 높은 투자수요가 있었기 때문이다. 같은 금속이지만 금과 백금의 차이는 바로 여기에 있다.

이 특성이 리먼 쇼크 이후, 금의 민간 투자 수요 고조에 가세해 신흥국 중앙은행의 매입 급증으로 이어졌던 이유는 제3장에서 언급한 대로다. 그것이 백금과의 가격 역전으로 나타나, 그 후 가격 차이의 확대로 이어졌다.

2013년의 급락장, 프로와 개인이 대치하다

금을 좋아하는 인도와 중국

제2장에서 금시장의 수급과 가격 변동 요인을 다루었는데, 실제 가격 변동 움직임에서 시장 참가자의 특성을 반영한 금값 흐름이 선명히 보인 때는 2013년의 급락장이었다. FRB의 금융정책 전환에 따라 펀드는 매수에서 매도세로 돌아섰다.

펀드의 빠른 태세전환에는 혀를 내두를 뿐이지만, 그 급락 때 매수에 나선 것이 인도와 중국의 일반인이었다. 금시장에서 프로 대 개인이 대치하는, 매우 보기 드문 전개였다.

우선 '일반인'이라고 한 것은 이들을 개인 투자자로도 표현할 수 있지만 '투자자'라고 하기에는 맞지 않아 표현을 다르게 했다.

우선 그 대부분을 차지한 인도와 중국의 수요를 먼저 짚어보자.

인도와 중국은 전통적으로 금의 양대 수요국이다. 두 나라 모두 금 선호도가 높은 사회적·종교적 기반이 있는데, 2000년 이후 경제발전에 따른 소득 증가가 금 수요를 더욱 높였다.

2019년 수요는 양국을 합하면 1,539톤으로 전 세계 수요의 35%를 차지했다. 과거 10년의 정점을 찍었던 2013년에는 양국 합계가 2,304톤이나 되었으며, 전체 점유율도 50%나 됐다.

인도의 수요는 종교적 배경

|

인도 사람들이 금을 보유하는 이유는 종교적 배경이 크다. 13억 5,000만 인구 중 80%가 힌두교도인데, 찬연히 빛나는 금은 마귀를 쫓아내는 효과가 있어 많이 보유하고 있을수록 부富가 모인다고 믿었다.

금 보유는 인도 전체 인구의 55%를 차지하는 농촌에서 활발히 이루어지고 있다. 금 보유는 저축을 대신하는 기능을 하며, 자산으로 간주된다. 그것도 전적으로 금 장신구 형태로 보유하고 있다. 장신구라 해도 일본 등 주요국의 14K(금 함유량 50%)나 18K(금 함유량 75%)와 달리 순금을 뜻하는 24K가 많다.

인도에서 3년 전까지 보통예금 계좌를 가진 사람이 전체 인구의 40%밖에 되지 않았다는 점으로 미루어, 금이 중요한 저축 수단임을 알 수 있다.

전통적으로 시집가는 딸에게 부모나 친지가 보내는 혼례 용품이 핵심 수요다. 힌두 축제나 새해가 겹치는 4~5월, 10~11월의 혼례 시즌은 인도의 대표적인 금 수요기에 해당한다.

29세 이하 인구가 전체 인구의 53%, 약 7억 3,000만 명인 인도의 연간 혼례 수는 2,000만 쌍에 가깝다고 하니, 혼례 수요가 중심을 이루고 있는 것도 납득이 간다.

인도의 수요는 오로지 수입으로 조달하고 있다. 인도는 만성적인 경상적자에 허덕이고 있으며, 수입품목 1위가 원유인데, 금액차가 크긴 하지만 금이 2위를 차지하고 있다. 이는 매우 특이한 케이스다.

이러한 상황에서 정부가 2012년 '높은 금 수요가 경상수지를 압박한다'는 위기감으로 수입 규제에 나서며 수입관세를 올리기로 했다. 당초 2%인 수입관세는 단계적으로 인상되어 이듬해인 2013년에는 10%, 현재는 12.5%가 됐다. 그럼에도 2019년까지는 수요에 극단적 침체가 없었으며 오히려 루피화 현지가격 상승이 매입 중지를 부채질하는 경우가 많았다. 수입관세 인상으로 밀수가 늘어났다는 측면도 있다.

세계 톱 수요, 중국

|

이에 비해 중국은 역사적으로 돈보다 금을 중시하는 통념이 있다. 이는 민족의 흥망사에서 싹튼 듯하다. 단, 중국에서 개인의 금 보유가 자유화된 것은 2000년의 일이다. 먼저 장신구로 시작해 순금덩어리 등의 투자 분야가 본격적으로 해금된 것이 2005년이라는 사실은 앞서 이야기한 대로다. 2002년에 상하이에 금 거래소가 개설되어, 단계적으로 시장 정비가 진행되었다.

중국의 특징은 투자용 금을 보석점과 더불어 은행 창구에서도 판매하고 있다는 점이다. 2009년 9월부터 대형 국유 상업은행 4곳(중국은행, 중국공상은행, 중국농업은행, 중국건설은행)의 창구에서 금 판매 시작을 필두로 다른 은행의 판매도 단계적으로 번져나갔다.

흥미로운 점은 2013년을 경계로 중국이 금 수요에서 인도를 제치고 톱에 올라 그대로 선두를 지키고 있다는 점이다. 앞서 언급했듯이 수입 규제를 건 인도에 비해 중국은 정부가 국내 금 판매를 장려했다. 은행 창구 판매 허가가 이를 상징한다.

제3장에서 다루었듯이 리먼 쇼크 다음 해인 2009년 3월부터 미 연방준비제도 이사회FRB가 양적완화책에 나선 것이 계기가 됐다. 중국 인민은행(중앙은행)이 외화준비로서 보유하는 금을 증강하면서, 정부는 민간 금 보유도 장려했다. 달러 자산의 가

치 하락을 우려해 금 자산을 국내에 확보해 두려는 움직임으로
보인다.

급락 국면에서 매수에 나선 인도와 중국의 개개인

|

인도, 중국의 금 수요 특징을 짚어본 다음, 2013년 금시장에서
일어난 일을 살펴보자. 이해는 금 가격이 연간 기준으로 28%나
떨어진 해다.

당시 금융경제 안정을 확인한 FRB는 양적완화책의 단계적
축소(테이퍼링tapering)를 검토하고 있었다. 4월 들어 이 움직임을
일찌감치 알아차린 헤지펀드 등 '프로 투자가'는 보유하고 있던
선물거래와 ETF(상장투자신탁)를 통해 보유하고 있던 금을 일제
히 털어버렸다. 이로 인해 금 가격은 2영업일 만에 203달러나
내려갔다.

금 ETF의 최대 종목인 SPDR골드셰어 잔액은 4월에만 132톤
이나 감소했다. 같은 해 1월 중순에 1,700달러 초반에서 움직이
던 금 가격이 6월 말에는 1,200달러 선까지 내려갈 정도였다.

그런데, 프로 투자가들이 수중의 금을 정리하던 것과 반대로
금을 사들인 이들이 인도와 중국의 일반 시민들이었다. 앞서 언
급했던 금 현물을 선호하는 민초적인 개개인의 구매가 프로 투

자가가 대량으로 매도한 금을 인수하는 결과로 이어졌다. 금 가격은 이후 등락을 거듭했지만, 인도와 중국의 매수가 반등 국면에 한몫을 했다.

이해 금 ETF의 잔액은 881톤이나 감소했지만 반대로 인도와 중국을 합친 금 수요는 전년도 1,770톤에서 2,304톤으로 500톤 넘게 증가했다. 그 외 아시아와 중동 국가 등도 나란히 증가했다.

프로 투자가에서 금융 초짜에게 거대한 금의 이동이 이루어진 때는 2013년, 특히 4~6월에 집중되어 있는데, 이는 금을 늘 살펴보는 쪽 관점에서는 커다란 포인트다. 인도, 중국에서 매수에 나선 개개인은 가격 상승을 기대하기보다는 값이 떨어진 금 그 자체를 소유하는 데 목적을 두고 있었기 때문이다.

프로 투자가는 금 현물이 아닌 금 가격을 원한다. 반면 인도와 중국을 중심으로 한 금 선호도가 높은 국가의 사람들은 금 자체를 원한다. 금융 전문가와 FRB의 금융정책이나 실질금리 등에는 관심도 지식도 전무후무한 초짜가 금시장이라는 같은 씨름판에 올라 대등하게 대치했다는 점도 이 시기의 특징이라 할 수 있다.

때로는 프로 투자가 아시아 등 일반 대중의 움직임에 비해 열세에 몰리는 국면을 보이기도 했다. 금융시장 접근법에 의한 가격 분석이 예상을 빗나가는 데는 이런 배경이 있다.

이번 코로나19 상황에서는 달러화 가치 상승 속 신흥국 통화 약세가 일어난 결과, 인도에서도 중국에서도 국내 가격이 사상 최고치를 갱신했다. 게다가 활동 제한이 장기화되면서 기록적인 수요 침체가 일어났다. 따라서 2020년 7월까지의 금 가격 상승은 유럽 투자가의 기록적인 투자수요 고조 속에서 초래된 것이라 할 수 있다.

마지막으로 짚어두고 싶은 점은, 2013년 4월 금 가격 급락의 계기가 된 FRB에 의한 양적완화책 단계적 축소로 인해 주식시장도 똑같이 급락했다는 점이다. 당시 FRB 의장 벤 버냉키의 이름을 따 '버냉키 쇼크' 혹은 '테이퍼 텐트럼(테이퍼링에 의한 혼란 상태)'이라 불렸다.

이 트라우마 때문일까. 금시장에서는 테이퍼 텐트럼에 대한 공포가 여전히 남아 있다. 아직 먼 이야기지만, 신종 코로나 바이러스 여파가 백신 공급으로 경제가 조금씩 정상화되어가고 FRB가 자금 공급을 조이기 시작한다면, 금시장이 과도하게 반응할 가능성을 염두에 둬야 한다. 물론 이러한 요인은 테이퍼링만이 아닐 테니 종합적으로 판단할 필요가 있긴 하겠지만, 2013년의 교훈을 잊지 말자.

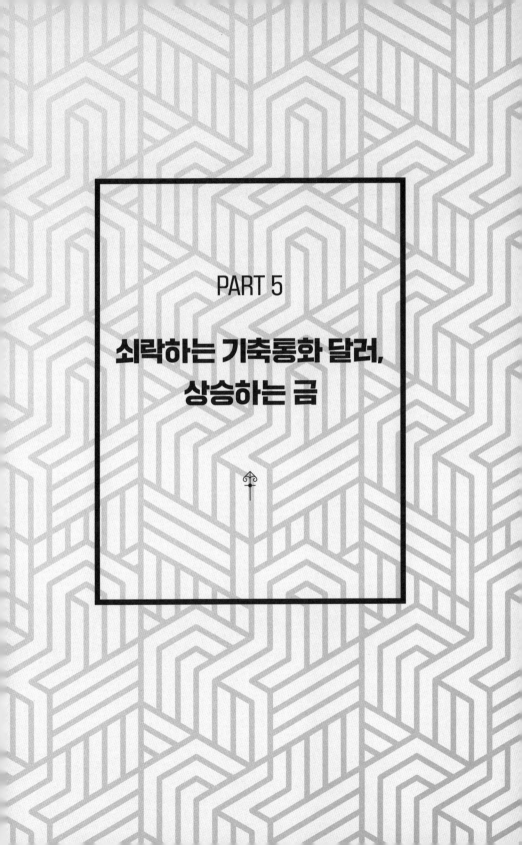

PART 5

쇠락하는 기축통화 달러,
상승하는 금

코로나 팬데믹과
전대미문의 금융완화

위기에 대한 빠른 연쇄성에 당황한 FRB

2020년 2월 이후 코로나19 바이러스가 전 세계로 퍼지며 팬데믹 상태가 되자 눈 깜짝할 사이에 세계 경제는 붕괴 상태에 빠졌다. 감염 확산을 막기 위해 전 세계가 일제히 취한 경제활동 제제로 인해 물류와 생산 활동은 물론 소비와 수요까지도 일제히 멈춰버렸다.

감염방지 대응책과 경제는 서로 모순된 관계다.(트레이드 오프) 병립은 무척이나 어렵다. 전세계가 동시에 활동을 멈춤으로써 실물경제(메인스트리트)의 물류와 돈 흐름이 단절됐고, 이는 곧바로 금융시장(월스트리트)에 미칠 파급을 예견케 했다. 급락하기 시작한 주가가 글로벌 폭락으로 이어지는 데는 그리 오랜 시간이 걸리지 않았다. 주식시장의 폭락세로 미국에서는 회사채 시장(크레디트)에도 불똥이 튀었다.

리먼 쇼크 이후부터 지금까지는 장기간에 걸쳐 저금리와 돈이 남아도는 상황이 계속 이어져왔다. 자금 조달이 용이한, 이른바 '골디락스(최적 상태 경제)'라 불리는 상황에서 채무는 기록적으로 불어났다.

회사채 등으로 조달한 자금의 대부분은 설비투자가 아닌 자사주 매입에 흘러들어 갔다. 회사채를 발행해 채무를 늘려 주식을 산 셈이라서 주가 상승은 채권시장의 채무 확대와 표리일체가 된 셈이었다.

코로나19에 의한 위기가 최근 금융시장에 미친 파급은 리먼 쇼크 때와는 그 속도가 전혀 다르다. 금융업계가 과거 30년 동안 IT화 진행의 대표격이었던 것도 오히려 화가 되었을지도 모른다. 자금운용장에 AI(인공지능)가 도입되어 자동으로 투자 판단이 이루어지고 1,000분의 1초 단위로 매매가 반복되는 고속 거래가 가능한 상황이었기에 주가는 순식간에 폭락했다.

그러나 실물경제는 그런 속도에 대처가 불가능하다. 이 사태에 당황한 FRB는 전례 없는 빠른 속도로 대응책 마련에 나섰다.

자금 공급에도 멈추지 않는 주가 하락

|

FRB는 미국 연방공개시장위원회FOMC를 열고, 2020년 3월 3일에 0.5%의 긴급 금리 인하를 단행했다. 이어서 3월 17, 18일에 예정되어 있던 FOMC를 이례적으로 15일 일요일 저녁 일정으로 앞당겨 열었다. 여기서 1%나 금리를 대폭 인하해 정책금리는 실질적으로 0%가 되어, 제로금리 정책이 부활하게 됐다.

또한, 미국 국채 등을 몇 주 동안 7,000억 달러를 목표로 매입하는 정책도 재개했다. 다음 날인 16일 아시아 시간으로 이른 아침에 파월 FRB의장이 직접 발표한 내용은 주요 6개 중앙은행(FRB, 유럽중앙은행, 일본은행, 잉글랜드 은행, 캐나다 은행, 스위스국립은행) 간에 달러 자금을 서로 융통한다는 협정이었다. 리먼쇼크 때 도입한 협정을 부활시킨 셈이다. 이는 명백히 세계 주요 6개 중앙은행이 공동으로 업무를 하고 있음을 보여주는 '공표 효과'로, 시장 심리를 진정하려는 노력이었다.

그러나 기대와는 달리 16일 당일 미국 다우 평균 주가는 전날보다 2,997달러 하락해 하루 사이 하락폭으로는 사상 최대를 기록했다. 발표 타이밍은 물론이거니와 제로 금리 채택과 양적완화책 부활에 주요 6개 중앙은행의 협조까지 포함시켰다. 모든 정책 내용이 놀랍다고밖에 할 수 없는 FRB의 대응이었지만 주가에서는 무력할 뿐이었다.

지난 10여 년간 FRB의 완화정책은 주가 급락 시 절대적인 효력을 발휘했다. 대폭 하락에 휩쓸렸을 때에는 FRB가 서둘러 대응해 다시 상승궤도로 올려주었다. 언젠가부터 주식시장에서 FRB는 구세주 같은 존재였다.

미국의 경기 확장기는 11년째를 맞은 2020년 역대 가장 긴 확장기 기록을 갱신했다. 주가상승 지속이 경기 확장의 큰 요인임은 사실이었고, 그렇기에 FRB와 미국 증시의 친밀한 관계도 이어져왔다고 할 수 있다.

결과적으로 그 관계는, 이번에 극적인 형태로 끝나게 됐다. 전미경제연구소NBER는 2009년 6월부터 시작된 미국의 경기 확장이 2020년 2월에 끝나고 3월 이후 경기 후퇴기에 들어갔음을 인정했다.

이후 3월 23일에 FRB는 이달 들어 세 번째 임시 FOMC를 열어 15일 현재 시점으로 7,000억 달러를 목표로 했던 양적완화를 무제한으로 하겠다고 발표해 이날 주가는 저점을 찍었다. 자금 조달을 위한 환금매에 1,400달러 대까지 떨어졌던 금은 단숨에 부활해 급락 전인 1,600달러로 돌아갔다.

급격한 자금공급(양적완화의 실행)은 FRB의 자산(밸런스 시트)을 급격히 확대시켰다. 3월 4일 시점에 총 자산 4조 2,415억 달러였으나 4월 1일에는 5조 8,116조가 되었다. 불과 한 달 새에 약 1조 6,000억 달러가 증가한 셈이다. 그때까지 한 달 증가액이 최고였던 때는 리먼 브라더스가 파산한 다음 달인 2008년 10월이었다. 은행 간 금리가 급등해 대차가 불가능해져 국제금융위기에 빠진 시기였다. 당시 국채 등을 담보로 대량의 자금을 금융기관에 공급했을 때, 한 달 새에 572억 달러가 증가했던 기록이 최대였다.

2020년 3월에는 그 두 배가 넘는 돈이 투입됐음에도 초반엔 주가 하락조차 막을 수 없었다.

사상 최대 주가 하락을 전환기로 삼은 FRB

|

3월 16일의 기록적인 주가 폭락은 일련의 전환기가 됐다고 본다. 3월 17일 이후 FRB가 발표한 정책 내용에 기업의 자금 융통 서포트가 포함되어 있었기 때문이다.

3월 17일에 FRB는 기업이 단기자금 조달로 발행하는 기업어음CP 매입에 나설 것을 발표했다. 리먼 쇼크 때 실시한 정책을 부활시킨 것이다.

다음 날인 18일에는 머니마켓펀드MMF에 직접 관여할 것도 발표했다. 시장을 놀라게 한 점은 이 정책이 현지 워싱턴 시간으로 오후 11시 반에 발표됐다는 점이다. 그만큼 사태가 빠르게 진전되는 데 대해 FRB의 필사적인 대응이 계속됐다.

23일에는 앞서 언급한 양적완화를 무제한으로 시행하겠다고 방침을 바꿨다. 이후 미국 의회는 3월 27일에 총액 2조 달러(약 2,273조 원)의 대형 경제 정책을 내놓았는데, 이 법안에는 FRB에 최대 4,250억 달러의 정부보증을 부여하는 내용이 포함되어 있었다. 이는 향후 FRB가 일반 회사채의 매입 등 기업금융 분야에 진출할 것을 상정하여 자산 손실 리스크를 고려한 내용이다. 요약하자면 FRB에 직접 영향이 미치지 않는 구조를 마련한 셈이다.

재무부가 FRB를 뒷받침해주는 시스템은 FRB의 파월 의장이 므누신 재무장관과 긴밀하게 연계하면서 미 의회 공화당, 민주당 나아가 트럼프 대통령과 사전 교섭을 추진해 간신히 성사시킨 시스템이었다.

4월 9일 FRB가 기업금융 분야에 적극 나설 것이라는 발표가 갑작스럽게 이루어졌다. 이 내용은 3월의 주가 대폭락 때 부활시킨 양적완화책이라는 자금 공급면에서는 똑같지만, 목적과 지향하는 효과는 크게 다르다고 할 수 있었다.

이 발표에 금시장은 큰 반응을 보여, 단숨에 1,700달러 대로 기준가를 절상했다. 종가 기준으로 1,700달러 고지에 올라선 것은 2012년 12월 이후 7년 5개월 만이었다.

적극적으로 위험을
무릅쓰기 시작한 FRB

기업융자에 뛰어들다

4월 9일에 발표된 정책 내용은, 본래 금융기관에만 융자를 할 수 있는 FRB가 일반사업 회사의 사채 매입과 융자를 실시하겠다고 선언했다는 점에서 놀라웠다.

'연방준비은행법 13조 3항'에 '유례적이고 긴급한' 경우에는 FRB이사 5명 이상의 찬성과 재무장관의 승인이 있다면 대상을 확대할 수 있다는 규정이 있다. 이번에 그 특례 조치를 사용하게 됐다. 긴급 대응이므로 의회에 자문을 구할 필요도 없이 서면 통보만 받았다. 예외적인 대응이기에 아무리 길어도 1년이라는 기간이 설정되어 있었다. 단, 일정한 절차를 거치면 연장

할 수도 있었다.

이에 FRB는 최대 2조 3,000억 달러(약 2,613조 원)를 준비해 6,000억 달러는 종업원 수가 1만 5,000명 이하인 중견·중소기업 전용으로, 5,000억 달러는 주정부나 인구가 많은 도시 혹은 군이 발행하는 채권(지방채)의 직접 매입에 쓰겠다고 했다.

또 일반 회사채도 매입하기로 했다. 이 중 2020년 3월 22일 이전 신용등급이 투자적격채라면 지금 당장 투자부적격, 즉 리스크가 높은 정크채(하이일드채)라도 매입 대상으로 설정했다. 그 외에도 자산담보 보증ABS을 대상으로 한 증권류 매입 등 몇 가지 다른 매입 프로그램이 포함되었다.

이 발표로부터 약 두 달 후인 6월 15일, FRB는 일반기업에 대한 융자 제도인 '메인스트리트융자제도MSLP'를 개시했다. 그리고 개별 회사채 추가 매입도 시작했다.

일반기업 대상 대출은 기업당 최대 5,000만 달러의 자금을 5년간 빌려주기로 결정했다. 단 처음 2년 동안은 원금을 상환할 필요도 없게끔 했다. 직접적으로는 민간 은행이 창구가 되었으나, 그 95%를 FRB가 설립한 '특별목적회사SPV'가 매입했다.

이는 간접대출의 형태를 띠고 있지만, 손실 리스크의 대부분은 FRB가 떠안았다. 미국 재무부도 SPV에 750달러를 출자하고, 이 범위 내에서는 FRB에 손실이 가지 않는 구조로 설계했다. 그러나 현재 환경이 환경인만큼 기업대출 부실 발생은 불가

피해 보여 이 범위 안에서 해결되리란 보증은 없었다.

본디 재무부 출자 재원은 적자국채이고, 그 발행을 지원하는 곳이 FRB라는 관계도 복잡했다. 무엇 때문에 중앙은행이 중소 기업 대출에까지 나서는 것일까? 그 이유는 미국 전체 고용의 50%가 중소기업에 의해 유지된다는 데 있었다. 그래서 실시하는 지원책이긴 하지만 경영기반이 약하고 신종 코로나 사태 환경에서 존속마저 위험한 곳도 많았다. 일반회사채의 매입도 같은 구도라 할 수 있다.

FRB가 이렇게까지 위험 자산 매입에 나선 것은 이례적이었고, 때문에 이러한 구상이 발표된 4월 9일 금시장은 반응을 보이며 1,700달러 대로 기준가를 절상했다.

레드라인을 넘다

앞서 등장한 MSLP는 시장을 통해 자금을 조달할 수 없는 기업까지 구제하는 제도이다.

재무부의 FRB 지지로 시작된 일련의 정책은 마치 화재 소방대 같았다.

3월에 주가가 폭락해 금융촌에 불이 나자마자 FRB소방대가 조직되어 특대 호스로 물(달러)을 뿌려 불끄기에 나섰다. 거듭되는 출동 속에서 물의 양도 늘어나(FRB 재무제표 확대), 연기가 피어오르기 시작했던 회사채 시장이 다 불타 없어지는(돈줄 조임) 상황은 피했다.

그리고 FRB소방대의 대장인 파월 의장은 이때 채권시장에도 직접 물을 뿌릴 의지를 표명했다.

이 방침은 먹혀들었다. 의지 표명만으로도 채권시장은 안정세를 되찾았으며, 다음 4월에는 (물을 투입하지 않았음에도) 투자적격채 발행액이 2,618억 달러(약 297조 원)로 월간 기준 사상 최고치를 갱신했다.

항공사 대기업 보잉은 채무초과에 빠지면서까지 자사주 매입에 몰두하던 차에 생각지도 못한 코로나19 이슈로 발목을 잡히며 국유화 일보 직전까지 몰렸다. 이 소방대의 등장으로 보잉은 자비로 250억 달러를 조달했다. 정부에 지원을 요청했던 델타항공도 35억 달러의 조달(정크채 발행)에 성공했다.

FRB의 회사채 매입은 6월 15일 본격적으로 시작됐다. 보통 중앙은행은 '마지막 대출처'라고 표현되는데, 이번에는 한 발짝 더 나아가 그야말로 '최후의 매수처'가 됐다.

파월 FRB 의장은 6월 15일에 매입·융자 제도 발표 때 '경제활동이 억제되어 있는 시기에 FRB의 역할은 최대한의 안심과 안정을 제공하는 것'이라 말했다. 확실히 중앙은행이 법령 긴급 조항까지 동원하며 전면에 나서 리스크 감수도 마다않고 행동에 나서준 덕에 시장에 안정감을 가져다준 것은 사실이다.

코로나19는 세계의 산업 구조를 바꾼다는 말까지 나오게 했다. 우량 기업이라 해도 안심할 수 없는 상황에서 대출 부실이나 회사채 디폴트(채무불이행)가 늘어날 가능성은 높다. 하물며 체력이 떨어지는 중견·중소기업까지도 구제 대상이 되며 중앙은행인 FRB에 손실 부담이 미칠 확률이 높은 상황이다. 위기를 모면하기 위해 그렇게까지 할 수밖에 없었다는 뜻이기도 하다.

파월 의장도 이 새로운 정책 발표 시 기자들과의 질의에서 '레드라인을 넘었다'고 발언했다. 대놓고 약한 소리는 할 수 없어도, 의장 본인 또한 강한 위기감을 느꼈을 것이다.

금융 비대화 속에서 반복되는 버블 생성과 붕괴

높아지는 지정학적 리스크

코로나로 인한 FRB 대응책의 특징은 지금까지 없었던 기업금융 분야에 적극적으로 뛰어들며 리스크 감수를 마다하지 않는 것이다. 이는 앞으로의 세계 금융경제, 나아가 금을 살펴보는 데 있어 커다란 전환점이 되리라 본다. 이 점을 파고들기 전에 지난 30년 동안 미국을 중심으로 한 금융시장의 흐름과 정치 이벤트에 관해 몇 가지 지적하고 싶다.

지난 30년, 먼저 1989년 '베를린 장벽 붕괴'가 기점이 된다. 이는 공교롭게도 일본의 '헤이세이 시대(1989년 1월 8일~2019년 4월 30일)'와 겹친다. 헤이세이 시대는 2011년 9·11 테러의 계기가 된, 아프가니스탄과 이라크 미군 파병이라는 군사 행동이 있긴 했지만 소위 전 세계를 끌어들일 만한 전쟁 상황은 없는 평온한 시대였다고 볼 수 있다. 그러나 '레이와 시대(2019년 5월 1일~)'에 접어든 지금, 상황은 크게 변하고 있다.

베를린 장벽이 붕괴하기 2년 전인 1987년, 미국과 러시아는 군축으로 나아갔고 중거리 핵전력INF 전폐 조약에 도장을 찍었으며 당시 구소련은 1991년 붕괴해 러시아가 되었다. 미국과 소련의 냉전이 종식되며 긴장완화의 시대가 시작됐다.

세계는 크게 달라졌다. 디지털 혁명과 글로벌화로 인해 사람, 물건, 돈의 움직임이 국경을 넘어 활발한 경제 성장을 뒷받침했고, 미국을 중심으로 금융주도형 경제가 일어나 주가는 상승했다. 반면, 빈부의 격차는 점점 늘어났다. 미국에서 IT버블 붕괴나 리먼 쇼크 같은 국제금융위기도 종종 일어나며 시장경제의 불안정성이 두드러지기 시작했다.

이러한 가운데 국제 정세도 크게 변화한다. 2016년 영국이 국민투표로 유럽연합EU 탈퇴를 결정했다. 유럽에서는 리먼 쇼크 이후 성장 둔화세에서 수많은 난민 유입을 둘러싸고 정부에 대한 국민의 불만이 높아지면서 정치가 차츰 불안정해졌다.

반면 중국은 광역경제권 구상인 '일대일로'를 내걸고 아시아 및 아프리카 국가들뿐 아니라 유럽을 상대로 적극적인 외교를 펼치고 있다. 리먼 사태 때도 재정에 여유가 있던 중국은 당시 일본 엔으로 54조 엔(약 557조 4,000억 원)) 규모의 재정 자극책을 펴 세계 경제를 지탱했다는 찬사를 들었다. 이후 시진핑 정권에서 외교 공세를 높여왔다.

오바마 정권에서 미국이 중국을 국제공조 대상으로 삼아 중국의 적극외교를 가능케 했으나, 이러한 기조는 트럼프 정부 들어서 바뀌게 됐다. 미국은 멕시코 국경에 장벽 설치로 대표되는 이민 제한 등 자국 제일주의로 탈바꿈했다. 무역 면에서는 환태평양 자유무역권 협정TPP에서 탈퇴를 표명하고 보호무역으로 전환했다.

2019년 미국과 중국 사이 통상마찰이 커지면서 양측이 상대방 제품에 대해 보복관세 부가를 다투던 '미·중 무역전쟁'이 시작됐던 때를 생생히 기억한다. 이해는 미·러 대립이 다시 불붙었으며, 다시 대두되는 중국을 포섭하는 데 실패하면서 INF 전면조약은 효력을 잃었다.

베를린 장벽 붕괴 이후 약 30년 만에 시대는 분단과 항쟁의 시대로 돌아가려는 듯 보였다. 미·중 무역전쟁은 하이테크 기술이나 군사면에서 외교까지, 포괄적인 패권 다툼으로 돌아서 미·중 냉전시대로 접어들었다. FRB가 미·중 마찰 고조를 이유로 정책금리를 인하했을 정도다.

2020년 봄 이후 코로나19 팬데믹 대처에 세계 각국이 급급한 가운데, 중국은 남중국해 방공식별구역 설정을 모색하고, 홍콩 국가안전 유지법을 시행하는 등 더욱 강경한 태도를 보이고 있다. 코로나19 위기는 산업 구조나 개인의 라이프 스타일을 바꾸며 다양한 부문에서 전환점을 맞을 것이란 예측이다. 그럼에도 정치에 관해서는 지금까지의 흐름을 더욱 강화하리라 여겨진다. 세계적으로 지정학적 리스크가 커지고, 미국 대선 결과에 상관없이 미국과 중국의 대립 구도가 바뀔 일은 없으리라 보인다.

관리통화제도하에서 발행량이 늘어난 달러

|

금융환경도 크게 달라졌다. 이 또한 앞서 언급했듯 시장경제 참여자가 급격히 늘면서 달러 수령자가 증가해 기축통화로서 달러의 위상이 더욱 공고해진 것이 기반이 됐다. 1980년대 이후 활발해진 돈이 경제를 컨트롤한다는 금융정책 중시 풍조가 베를린 장벽 붕괴 이후 더욱 거세졌다.

이는 FRB의 정책이 세계 경제에 미치는 영향력을 높이고 있음을 의미한다. FRB는 세계 중앙은행이라는 지위를 확고히 다지게 됐다. 동시에 금본위제를 벗어나 지폐 발행량을 중앙은행에 일임하는 관리통화제도를 채택하고 있어, 통화 발행 증가는 아무 지장 없이 이루어지고 있다.

1990년대 금융 주도형 경제 개시 이후, 주식시장에서는 실태

이상의 주가 상승 흐름이 보이기 시작했다. 경제 성장을 추구하는 데는 윤택한 통화 발행이 필요하므로, 늘어나는 데 문제가 있는 것은 아니다.

다만 경기를 억제하는 정책은 정치가나 국민 사이에서 인기가 없기에, 어떻게 해도 컨트롤 자체가 느슨해지기 쉽다. 금융경제가 실물경제를 떠나 '홀로 걷기'를 시작하는 현상도 당연히 일어난다. 그 가장 큰 예가, 과거 세계적 위기로 이어진 금융 버블 발생과 붕괴였다.

리먼 쇼크 직전, 유럽 미디어에서 자주 등장했던 'Greed(탐욕)'이라는 단어가 있었다. 요컨대 '증식(운용)'이라는 행동이 자기목적화 되는 가운데, 지나치게 행동하면 실물경제에 큰 영향을 주게 된다는 뜻이다.

예를 들어, 주가 상승(자산 가격 상승)이 경기 확대를 뒷받침한 경우, 주가 상승 자체가 경기 확대에 커다란 요인이 돼(자산효과), 이를 억제하는 정책을 채용하기가 어려워진다. 또 채용했다 해도 미묘한 밸런스가 요구된다. 결국 컨트롤이 안 되는 상황이 종종 발생한다.

과거 30년 동안, 최초의 메이저 버블로 등장해 터졌던 것이 'IT버블'이다. 대응책으로, 그린스펀 의장의 주도로 전대미문의 1년 간 11회의 금리인하가 이루어졌다. 이는 1990년대 초 일어난 일본 버블 붕괴 시 '너무 적고, 너무 늦다too little, too late'는 비난을 받았던 일본은행의 실패 사례를 반면교사로 삼은 대응책이었다.

이 완화책이 증권화 비즈니스와 주택금융을 연결하는 작용을 함으로써 다음 버블의 싹으로 이어졌다. 이 시점에서는 아직 금리 조정이라는 전통적인 금융정책을 취하고 있었는데, 이 완화의 종착지가 바로 2008년의 리먼 쇼크였다.

정상화된 비非전통적 정책

|

리먼 쇼크라는 버블 붕괴는 지금까지의 대응책으로는 감당할 수 없는 내용과 규모였다.

위기 당사자가 금융기관이었다. 자기자본의 몇 배에 이르는 금융거래를 부외(오프 밸런스)로 실행했고, 거기에 버블 붕괴로 직격탄을 맞았다.

당시 미국 내 4위 규모의 투자은행 파산을 계기로 금융거래가 얼어붙어 국제금융위기가 일어났다. 대응에 나선 이가 2006년에 취임한 벤 버냉키 FRB의장이었다.

대공황 시 디플레이션 역사에도 정통한 학자 출신 의장은, 신기축 정책을 도입했다. 국채 매입을 축으로 한 QEQuantitative Easing라 부르는 양적완화의 도입이었다. 시장 기능을 회복시키려면 우선 자금을 대량 투입해 자금난을 해소할 필요가 있었다. 리먼 쇼크는 주택담보대출을 묶어 만든 증권에 추가로 조합한 자산증권 가격을 매길 수가 없게 되면서 시작됐다. 금융기관이 보유한 국채 등의 자산을 매입하는 형태로 달러 증쇄와 대량 투입을 실시했다. FRB의 보유자산은 불어났고, 재무제표의 규모는 커졌다. 새로 도입된 대응책은 '비전통적 정책'이라 불렸다.

리먼 쇼크 발생 직후인 2008년 10~11월에 발동된 내용은 금융기관이 부유한 국채나 주택저당증권MBS을 담보로 FRB가 융자를 한다는 내용을 담고 있었으나, 다음 해인 2009년 3월에는 매입이 제도화되었다. 이미 지난해 12월에 제로금리 정책이 도입됐고, 이는 기축통화인 달러의 가치를 약하게 만드는(달러화 약세) 통화의 대량 발행을 의미했다.

당시로서는 큰 결단이었다. 이 방안을 미 연방공개 시장위원회FOMC에 자문한 당시 버냉키 FRB의장은 '루비콘 강을 건너는 행위야 말로 가장 큰 공표 효과'라고 발언했다. 로마제국의 장군 시저의 말을 인용한 발언이지만, 이는 중앙은행으로서 이례적인 대응책을 취해야만 시장을 진정시킬 수 있다는 의미였다. 그 말대로 대담한 달러 자급 투입은 효과를 보여 마침내 주식시장은 반등했다.

다만 이 정책은 반복성이 있었다. 2010년 11월에 QE2, 2012년 9월에 QE3가 실시됐다. 특히 QE3에 대해서는 효과가 오를 때까지 무기한 QE로 정해두었다.

비전통적인 긴급대응책은 어느덧 정상적인 대응책이 되었고, 시장은 안정된 상태에 놓였다. 이 사이 FRB의 재무제표는 2014년 12월 24일 4조 5,094억 달러까지 확대되었다. 리먼 쇼크 직전인 2008년 9월 10일에 9,242억 달러였으니 5년 3개월 사이에 약 5배로 부풀어 오른 셈이다.

대량의 자금 공급은 자산 가격, 특히 주가를 끌어올렸다. 다우 30종 평균이 리먼 쇼크 이전 장중 최고치인 1만 4198달러(2007년 10월 11일)를 넘긴 때는 2013년 3월이지만, 그 이후 2020년 2월에 이르기까지 사상 최고치를 계속해서 갱신했다.

중앙은행의 금리와 재무제표(자산 규모)를 완화책 도입 이전 기준으로 되돌리려는 행동을 '정상화', 그 방법을 '출구전략'이라 부르는데 그럼에도 출구가 언제, 어디에서 보일지는 미지수이다.

돈의 난을 돈으로 제압하는 FRB

지난 30년간 일어난 미국 관련 파산을 돌이켜 보면, 1990년대 초 저축대부조합s&l의 파산 증가, 1990년대 후반의 아시아 통화 위기, 대형 헤지펀드 롱텀캐피털매니지먼트LTCM의 파산 위기와 그 연쇄 우려 등 국소적인 사건에서부터 점차 2000년 IT버블 붕괴, 2009년 리먼 쇼크 등 국제금융위기로 확산되는 사건으로 변모하고 있다. 규모가 커지고 있다는 말이다.

그때마다 FRB는 정책금리를 인하, 통화 공급을 늘려 대응해 왔다. IT버블 붕괴 당시 다음 버블이 일어날 때는 보다 큰 규모와 큰 자금이 달려 있으리란 말을 들었다. 그리고 리먼 쇼크가 터졌다.

금의 속박에서 벗어나 발행량을 늘리는 달러. 세계화와 IT화에 의한 금융기술의 고도화와 함께 그 달러를 흡수해 실물경제를 떠나 비대해지는 금융시장. 그것이 폭주해 일어난 돈의 난을 돈으로 제압해 온 FRB. 다음 위기에는 얼마만큼의 코스트가 들 것인지에 대해, 요 몇 년 동안 우려의 목소리가 높아지고 있다.

초저금리 환경이 10년 넘게 이어지는 가운데, 그 규모는 예측 불허로 FRB가 어떻게 대응할지, 어떻게 신뢰를 유지할지가 필자의 관심사였다. 그리고 2020년 봄, 코로나 쇼크라는 형태로 사태는 터지고야 말았다.

코로나 팬데믹에 가려진
채권 버블 붕괴 위기

채권 버블은 주식시장과 표리일체

이 장 첫머리에 '주식시장의 변조로 미국에서는 회사채 시장(크레디트 시장)에도 불똥이 튀었다'고 적었다. FRB가 2019년부터 걱정하던 지점도 (금융기관 외의) 일반기업 채무 확대가 멈추지 않는다는 점이었다.

애당초 10년 이상에 걸친 저금리와 윤택한 자금 공급은 디플레이션 경제를 극도로 두려워한 FRB의 정책이 초래한 현상이지만, 이는 기업들에게는 저비용 자금 조달이 가능한, 원치 않은 환경이었다. 미국 일반기업의 부채는 2019년 말 사상 최대치인 16조 달러(약 1경 8,145조 원)에 달했다.

회사채 등으로 조달된 자금은 대부분 설비투자에 사용되지 않고, 주로 자사주 매입이나 기업 매수M&A에 사용되었다. 경기는 커지고 있으나 속도가 붙지 않아 저성장이 만성화되었다. 트럼프 정권의 자국제일주의 아래 많은 나라 및 지역과 무역마찰도 커지며 환경을 예측할 수 없는 가운데, 조달된 자금은 주가 상승을 만들어내는 기초가 되었다.

자사주 매입이나 배당 성향의 상승은 경영지표를 끌어올리고 기업 신용등급도 끌어올린다. 이는 한층 더 저렴한 비용으로 자금조달을 가능케 하는 선순환을 낳았다. 물론 주가 상승에 따른 자산효과는 가계 금융자산의 절반 이상을 주식이 차지하는 미국에서는 개인소비를 자극해 경기를 끌어올린다. 이러한 선순환을 유지해온 주체가 파월 의장이 이끄는 FRB였다. 이 순환 속에서 기업 채무도 확대되고 있었다.(〈표14〉) 즉, 주가 상승과 채권시장의 확대(채무 확대)는 표리일체라 할 수 있다.

2018년 12월 말, 주가 급락 때는 이러한 고리가 끊길 뻔했다. 그러나 금리 인상을 결정한 FOMC 이후 불과 2주 뒤, 파월 의장은 2019년 연초 기자회견에서 금리 인상의 일시정지를 내비쳤다. 3월의 FOMC에서는 금리 인상 사이클의 종료를 표명했다. 주가 급락 이후 석 달 만의 이례적인 방침 전환이었다. 이후 미·중 관계 악화로 6월의 FOMC에서는 정책금리를 동결했으나, 대다수의 구성원은 금리 인하 전환을 고려하고 있음이 확인

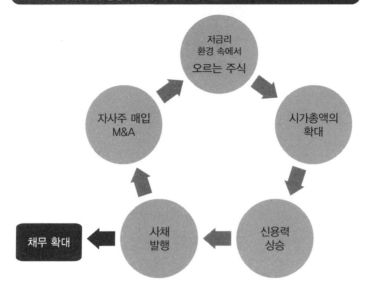

표14 | 미국 주가 상승과 채무확대는 표리일체

저금리
환경 속에서
오르는 주식

시가총액의
확대

자사주 매입
M&A

채무 확대

사채
발행

신용력
상승

※경기를 받치던 자산효과(주가 상승)의 배경에 회사채 발행 증가

되었다.

금리 인하를 예견한 시장에서는 채권시장으로 자금 유입이 단숨에 진행되며 채권 시세는 상승하고 수익률은 떨어졌다. 그 결과 7월 말에는 세계 채권의 4분의 1에 달하는 13조 달러(약 1경 5,910조 원)가 마이너스 이율로 변했다.

마이너스 이율 채권은 전년도부터 배로 증가하였다. 더욱이 FRB가 8월에도 0.25%의 추가 금리 인하를 실시해 9월에는 17조 달러(약 1경 9,320조 원)까지 확대됐다. 마이너스 이율 채권은 상환(만기)까지 보유하면 손해를 본다. 그런 금융상품을 왜 사들이냐면, 가격 상승 이익을 노리는 데 목적이 있기 때문이다.

본디 채권 투자는 이익을 얻는 데 목적을 두지만, 주식과 같은 수준의 상승 이익에 목적이 두는 경우가 늘어나고 있어 돈이 남아도는 버블 시세라 할 수 있다. 이러한 상황은 금의 매력을 높여주는 결과를 낳았다. 채권 이율의 매력이 사라지면서 금리가 발생하지 않는 금의 디메리트가 사라졌기 때문이다. 오히려 이자율이 마이너스인 데다 신용 리스크(파산 위험)가 있는 채권보다 금이 우위에 서는 상황이 발생한 것이다.

그해 9월의 FOMC에서는 추가로 0.25% 금리 인하가 실시되었다. 파월 FRB의장은 기자회견에서 '금리 인하는 리스크에 대한 보험'으로서 예방적인 금리 인하임을 시사했다. 또한 물가(인플레)가 약하다는 점도 지적했다. 단, 구성원 간의 의견은 갈라져 세 명이 반대표를 던졌다. FRB는 10월에도 0.25%의 금리 인하를 추가로 단행했으나, 결국 금리 인하는 3회로 끝났다.

미국 경기가 확대되는 가운데 이례적인 금리 인하는 결과적으로 '저금리에 돈이 남아도는 환경과 온건한 경기 확대'라는 조합을 탄생, 주가 상승에 최적화된 환경을 만들었다. 미국 주가의 사상 최고치 갱신은 이어졌지만, 이 상황은 FRB의 서포트로 실현됐다고 할 수 있다.

양적완화인가, 신용완화인가

이미 알고 있겠지만, 코로나19 상황 속에서 FRB가 연방준비은행법 특례조치(13조 3항)라는 대대로 내려오는 보검을 뽑아들고 과감하게 리스크 자산 매입에 나선 행동은 당연한 흐름이었다. 그렇지 않으면 주식시장도 채권시장도 함께 망해 리먼 쇼크 때를 웃도는 버블 붕괴로 치달을 것이라는 우려에서였다.

채권 매입 프로그램의 범위는 일부 투자부적격채(정크채)를 포함한 일반회사채나 기업융자 분야, 그리고 지방채에 레버리지드론, 회사채, 정크채에 해당하는 질 나쁜 대출을 묶은 상품CLO에까지 이른다. FRB 금융정책은 2020년 3월 말에 발표되었는데, 신중하고 세세하게 내용을 담은 것으로, 정책은 단계적으로 공표됐다. 먼저 4월 9일엔 전체적인 틀만 발표하고, 5월 12일에 채권 ETF 매입을 시작하겠다고 발표했다. 뉴욕 연방은행이 창구가 되어 미국 대기업 운용사 블랙록이 실무를 담당하겠다는 내용이었다. 개별 종목 매입에 앞서 채권 ETF부터 시작한 이유는 중앙은행이라는 위치상 매입 대상이 되는 발행기업과의 연계 등 쓸데없는 추측을 배제하기 위한 까닭으로 풀이된다.

코로나19 감염 확산 저지로 인해 인위적인 기업 매출은 사라졌지만, 자금이 지급되는 한 당장 도산은 피할 수 있었다. 이미 유례없는 양적완화로 인해 시장에는 충분한 돈이 풀리고 있었다. FRB가 이후에도 매입을 한다면, 투자가는 안심하고 회사채나 관련 상품에 자금을 돌릴 수 있는 상황이었다.

애당초 0%까지의 급격한 금리 인하와 대량의 자금 공급에도 주가하락은 막을 수 없었지만, 그렇다고 사라진 수요를 금융완화책이 만들어낼 수는 없었다. 그렇기에 코로나19에 대한 효과가 미미했다고 할 수 있다.

기업의 자금 융통을 서포트하는 회사채 매입 프로그램이야말로 주가 반전의 기폭제가 되었다. 기존의 양적완화는 단순한 유동성(달러) 공급이 아닌 FRB자체가 리스크를 감수하고 기업을 서포트하는 신용완화책이라는 측면에 큰 효과를 발휘했다. 이는 신기축이라 할 수 있다.

정확하게는 이 정책을 채택하지 않을 수가 없었다. 만약 기업금융시장에서 신용경색이 발생하고 있다면 앞의 〈표14〉에서 보듯이 기업금융 연쇄 정체 혹은 역회전을 일으켜 시장이 악화 상태에 빠질 수 있기 때문이다.

무엇보다 FRB는 단순한 기업 지원 그 이상의 목적을 갖고 있다. 애당초 정책 목표로 든 고용 유지를 달성하기 위해서는 기업의 존속이 필수불가결이다. 위기가 한 차례 휩쓸고 간 단계에서 기업이 존재하지 않는 상태가 되면 고용을 뒷받침할 수 없어 혼란은 장기화된다. FRB는 고용 유지를 전면에 내세워 한층 더 기업 서포트를 계속하리라 여겨진다.

실제로 FRB는 2020년 6월 말에 개별 회사채 매입 리스트를 공표했는데, 일본계 기업도 포함되어 있어 화제를 모았다. 매입 한도 전체를 100으로 잡고, 어떤 기업의 회사채를 몇 퍼센트 사들일 것인지를 사전에 공표했다.

회사채는 기업 발행채를 직접 사들이는 경우(발행시장)와 발행 후 시장에서 사들이는 경우(유통시장)로 나뉜다. 상한선은 발행시장 5,000억 달러, 유통시장 2,500억 달러다.

올바른 정책이 다음 위기를 낳는다

당장 닥친 위기를 넘긴 FRB이지만 실은 문제를 뒤로 미룬 느낌이 없잖아 있었다. 신용시장에 FRB가 뛰어들면서 기업 부문 부채는 더 늘어났다.

사상 최고치가 된 2019년 말 시점인 16조 달러에서 적어도 17조 달러는 넘었다고 여겨져, 부채 총액의 국내총생산GDP 대비 85%에 달했다는 지적도 있다.(2010년에는 66%이었다.)

애당초 2019년 10월의 FOMC에서는 '기업채무의 누적이 리스크'라는 주제로 대화가 오간 적이 있었다. 위기 대응을 위해서이긴 했으나 결과적으로 늘어난 채무 규모 자체가 문제였다. 만약 이대로 경기 후퇴 국면이 지속되면 금리 부담이 가중되고 기업들은 운신의 폭이 좁아진다. 기업 신용등급 강등이 늘어날 가능성이 높다는 점도 우려된다.

경기 침체가 장기화되고 신용등급 강등 움직임이 심해지면 FRB의 부담은 더더욱 증가한다. 회사채뿐 아니라 95%를 매입하는 기업대출도 변제 기간 유예가 있긴 하지만 채무불이행 등의 불량채권화도 우려된다. 이번 프로그램 도입에 있어 파월 의장 본인도 '레드존에 돌입한다'고 발언했는데, 더 말할 필요도 없이 강한 위기감이 느껴진다.

코로나19가 기업에 미치는 영향은 당장 실적뿐만이 아니라 광범위한 사업 내용의 재검토나 활동 축소 등 신용 리스크로 직결되는 양상을 볼 수 있다. 눈앞의 위기 회피로는 끝나지 않는다. 연명책을 강구한 결과 시장에서 퇴출돼야 할 기업도, 미국 기업의 강점으로 꼽히는 신진대사를 저해시킨다는 지적이 있긴 하나 지금은 위기 대응이 먼저이니만큼 문제 삼지 않기로 했을 것이다.

FRB는 매입 프로그램을 2023년까지 유지할 것이라 밝혔다.

코로나19 백신 공급이 진행되면서 시기에 따라 달라지겠지만 우선 시장 심리가 개선되어 돈이 남아도는 가운데 주가는 계속 상승할 것이다.

동시에 경기회복에 대한 기대로 장기금리 상승이 예상된다. 그러나 빚이 커진 상황 속에서의 금리 상승은 기업에 큰 타격을 입힐 수 있다. 이는 매입을 진행한 FRB 또한 마찬가지다.

FRB의 위기대응 정책은 이번 환경에서는 없어선 안 될 올바른 정책이었다. 다만 그 올바른 정책이 다음 위기로 이어진 것 역시 지난 금융의 역사이기도 하다.

결국 이번에도 '돈의 난을 돈으로 제압하는' 흐름이지만, 역시 그 비용은 리먼 쇼크 때를 웃돌 듯하다. 재무부가 준비한 안전망이 있다 해도, FRB가 리스크를 감수해야만 하는 상황은 금에게는 큰 서포트 요인이라 할 수 있다.

쌍둥이 적자의 부활과
달러의 평가절하

재정 적자의 폭발적 확대

금 문제를 볼 때 또 한 가지 주목해야 할 점은, 급팽창하는 미국 재정 적자 문제다. 트럼프 정권 출범 후 경기확대기임에도 불구하고 대형 감세 등 자극적 재정책을 펼친 탓에 한 해 1조 달러 규모(약 1,113조 원)의 재정 적자가 늘었다.

그 와중에 코로나19 문제가 발생했다.

미 의회 예산국이 2020년 4월 시점에서 발표한 예측으로는 2020년 9월 말에 끝나는 2020년 회계연도의 연방 재정 적자는 사상 최고인 3조 7,000억 달러에 이를 것이라 했다. 국내총생산GDP 대비로는 17.9%로, 전년도의 4.6%에서 4배가량 늘어나게 된 셈이다.

이 재정 적자 수치는 2차 세계대전 이래의 규모로, 리먼 쇼크 때 기록한 숫자의 2배에 가깝다. 고용의 하한선과 잃어버린 소득의 보상까지 정부의 손이 닿긴 하지만, 트럼프 정권은 코로나19 위기가 6월 후반에는 진정되리라 내다보고 대응책을 책정하고 있었다. 조기 종식을 예측할 수 없게 된 7월 이후 상황을 생각하면, 적자 규모는 더욱 커질 가능성이 높다.

미 의회 예산국 고위 관계자는 2021 회계연도는 2조 1,000억 달러로 전망하긴 하나, 대형 긴급 추가 예산은 계상하지 않는다는 전제를 깔아두었다고 했다. 하지만 미 의회 민주당을 중심으로 1억 달러 규모의 대형 인프라 투자안이 나와 있어, 이 수준에서 해결될 일은 없어 보인다.

수요가 급경색된 상황에서 정부의 부양책이 없다면 1930년대 대공황 때를 웃도는 경기 위축을 피할 수 없기에 지금은 적자 규모 등을 따질 때가 아니다. 재정확장책은 올바른 정책으로, 실행되지 않으면 경기는 바닥을 치고 회복에는 더 많은 시간과 비용이 필요할 것이다. 다만 금융정책과 마찬가지로 올바른 정책이 다음 문제를 일으키는 사태는 피할 수 없었다.

문제는 그 재원의 태반이 국채 발행으로 조달된다는 데 있었다. 미 재무부는 2020년 2분기에 3조 달러라는, 전무후무한 규모의 차입을 했다. 이 정도 규모의 자금 조달이 파란 없이 시장금리를 상승시키지 않고 있기란 어렵다. 이 역시 중앙은행인 FRB의 국채 매입이 안전망 역할을 하고 있었다.

미 재무부의 금고와 일체화한 FRB

|

1분기에 한 번 있는 파월 의장의 미 상원은행위원회 의회증언이 2020년 6월 16일에 열렸다. 이에 대해서도 필자는 FRB가 대담한 정책 전환을 했다고 느끼고 있다.

의원들과의 질의응답에서 파월 의장은 이렇게 말했다.

"미국은 기축통화 발행국으로, 국채 발행 능력이 대단히 크다. 재정 악화를 염려할 것이 아니라 지금은 세출 증가로 경제 재생을 우선해야만 한다."

전통적으로 공화당은 재정 확대에 반대 입장을 취하고 있는데, 특히 재정 보수파 사이에서는 최근의 초확대 정책 속에서 신중해야 한다는 목소리가 높아지고 있다.

일반적으로 미국 의회 목소리가, 특히 공화당은 FRB의 재정 개입을 싫어하는 경향이 있다. 그 점을 알면서도 추가 대응책을 요구하는 입장은, 파월 의장의 신념에 따른 행동이라 해야겠다.

의장은 FRB와 함께 추가 대책을 세울 여지가 미 의회에는 있다고 말했다. 의원에게서 FRB가 양적완화로 대량의 국채를 매입하고 있는 점에 대해서 재정 파이낸스(직접적인 적자 대신)라는 지적이 나왔으나, 이를 시장의 원활한 거래를 뒷받침하기 위한 수단이라는 말로 일축했다.

국채 발행액이 늘어나 이익이 상승할 때엔 '그것을 억제할 필요가 있다'고 말한 셈이다. FRB내에서는 일드 커브 컨트롤ycc이라는, 미 국채 시장에 FRB가 개입함으로써 이율을 제어하는 '논의'가 이루어지고 있다. 그러나 이는 단·중기채를 대상으로 한 논의로 장기채까지 커버하지는 않는다.

짐작하기로는 우선 발등의 경기 침체는 수요의 소실이라 전례의 유무 등은 개의치 않고 재정 출동이 필요하다는 점, 게다가 그 재원 확보를 위해 EGB가 적자국채 소화에 적극적으로 움직인다고 주장하는 배경에는 기존 정책 입장을 바꿨을 가능성이 있다.

기존의 양적완화는 시장에 공급한 자금 대부분이 준비자금으로 FRB에 다시 유입되는 경향이 있었다. 공급한 자금은 금융촌 내에서 체류할 뿐, 실물경제 부양보다는 주가 등 자산 가격 상승에 효과가 있었던 것으로 보인다.

그렇다면 이번에는 정부 재정을 확장시키는 쪽이 자금 공급 경로는 같더라도 소비 자극 등 수요 환기에 강력한 대책이 되리라 생각한다.

만약 이 전망이 옳다면 FRB를 뒷배 삼아 미 정부의 재정 확장책은 향후 가속도를 내리라 여겨진다.

금 가격은 2,300~2,500달러

|

미국에서는 2018년 무렵부터 MMT라는 이론이 대두되기 시작했다. 이는 현대화폐이론Modern Monetary Theory의 약자로, '자국통화를 발행하는 정부는 채무불이행에 빠지지 않으므로 과도한 인플레이션이 되지 않는 이상 재정적자를 아무리 확대해도 괜찮다'는 사고방식이다. 그야말로 이번 의회 증언에서 파월 의장이 언급했듯이 금리 상승이 걱정된다면 중앙은행이 국채를 사서 억제하면 된다는 주장이다.

미국이 추진하려는 정책은 시장이라는 원 쿠션을 두되, 국채를 대량으로 사들여 실질적으로 재정 파이낸스에 적극 나서는 것이다. 일본은행은 벌써 이를 시작했다.

다만 계기야 어떻든 간에, 한번 안이한 정책에 나서면 과연 정상화가 제대로 이뤄질지가 불안하다. 파월 의장 본인이 MMT에 관해 부정적인 입장이지만, 수요의 증발이라는 사태에 기존의 대응책으로는 효과가 없으니 판단을 바꾼 것이라 여겨진다.

코로나19 사태의 영향을 벗어나는 데 적어도 2년은 걸릴 것이란 견해도 유력한 가운데, 미 재정 적자와 함께 FEB의 재무제표도 한층 더 확대될 듯하다. 이는 달러 공급의 급격한 증가를 의미한다.

게다가 미국에는 재정적자급 확대 플러스 무역적자 확대라는 문제도 있다. 트럼프 정권은 무역적자 감축에 안간힘을 썼지만 경기가 안정적으로 확장되어온 미국의 무역적자는 여전히 높은 수준을 유지하고 있다.

2019년은 전년 대비 1.9% 감소했으나 이는 사상 최대 적자를 기록한 2018년과 비교한 수치일 뿐이다. 2020년은 세계적인 경기침체 속에서 수출의 둔화가 두드러지고 있어, 떨어졌다고는 해도 비교적 우위에 속한 미국 무역적자는 높은 수준을 유지할 듯하다. 무역수지나 소득수지 등의 합계가 되는 경상적자도 악화되고 있다.

금시장은 재정적자와 경상적자의 '쌍둥이 적자'가 확대되는 양상에 영향을 받는다. 미국 경제는 세계 최대 순채무국인 만큼 쌍둥이 적자가 커지면 부족한 자금을 해외에서 더 끌어와야만 한다.

1980년대 일어난 쌍둥이 적자 문제는 결국 달러의 평가절하로 이어졌다.(1985년 플라자 합의) 이번 적자 악화는 당장 달러 폭락으로 이어지지는 않겠지만 머잖아 달러 감가Debasement를 초래할 것이다. 그렇게 되면 미국 정부는 물론이거니와 중앙은행인 FRB의 신임이 거세게 추궁당하는 사태도 몇 년내에 도래할 수 있다.

2020년 7월에 1,800달러 대에 진입한 금 가격이 이와 같은 흐름을 암시한다. 필자는 달러의 추락을 반영한 상승 파동이 계속되리라 본다. 뉴욕 금시장 장중 사상 최고치는 2011년 9월의 1,923.7달러, 종가 기준으로는 같은 해 8월 1891.9달러다. 제1장에서 이 시기를 대시세라고 소개했는데, 급격히 비대화된 금융시장에 '찍어내지 못하는 금'의 시장규모는 상대적으로 축소돼 있었다.

하지만 신기축을 차례차례 갱신하며 리스크를 과감하게 감수하는 FRB에 대한 신임의 흔들림은 곧바로 금 가격에 반영되리라 여겨진다. 중기적으로는 2,300~2,500달러에 도달하리라 본다.

금은 타당한 가격을 측정하기가 어려운데, 참고가로 2011년 이전의 사상 최고치인 1980년 1월의 850달러가 있다. 그로부터 40년, 당시 가격을 미국의 물가상승률(CPI소비자 물가지수)을 바탕으로 현재가로 측정한 실질가격은 2,500달러쯤일 것이다.

2,300~2,500달러가 연기금 등 기관투자가에게도 설득력 있는 가격이라 여겨진다. 최근 들어 3,000달러나 5,000달러 등 유럽 투자은행 등에서도 강세가 전망된다. 단, 그 가격은 금 특유의 모멘텀 시세가 나타난 경우에만 한정적으로 될 듯하다.

PART 6

지금이야말로
금을 사야만 한다

무한한 가치 상승의
무국적 통화, 금

일본은행의 국채관리정책

마지막 장에서는 앞으로 일본의 동향을 예상하면서 금 가격에 관해 생각해보고자 한다. 이번 코로나19 사태로 일본 내에서도 몇 가지 지원금 제도가 마련되었다. 1인당 10만 엔(약 106만 원)을 정부가 무조건 지급하는 특별정책을 비롯해 중소기업용 지원금 등 개인용과 사업자용 등으로 여러 종류가 마련되었다. 코로나19 대책 보조금 총액은 약 30조 엔(약 320조 3,000억 원)으로, 국민 1인당 약 25만 엔(약 267만 원)에 상당하는 금액이다. 전액이 재정 적자 확대에 의한 국채 증가발행으로 조달된다.

2020년 6월 12일에 2차 보정예산이 설립되었으나, 앞서 국채 발행 계획이 공개되었다. 최근 10년쯤 연간 30~40조 엔(약 320조 3,000~427조 1,000억 원)이었던 적자국채와 건설국채의 신규 발행액은 금년도에 90조 1,000억 엔(약 962조 700억 원)으로 늘어날 예정이다. 그 결과 2020년 말 국채 발행 잔고는 약 1,100억 엔(약 1조 1,700억 원)으로, 첫 1,000조 엔(약 1경 678조 원)을 돌파하게 됐다. 단년도 발행액으로는 유례없는 규모라 총액을 따져도 이자 지급이 향후 예산에서 큰 비율을 차지하지 못할 것으로 우려된다.

그보다 먼저 발행액이 이만큼이나 늘어나면 채권시장이 반응해 일반적으로 금리(이율)가 오른다. 발행액이 늘어나면 수급이 느슨해서 채권 가격은 하락하고, 그 결과 이율은 상승한다. 금리 상승은 정부의 이자 지급 부담이 커짐을 뜻한다.

그러나 실제로는 채권시장은 안정세를 유지하고 있다. 10년물 국채를 지표로 삼고 있는데, 이율은 마이너스 포함 0% 전후로 추이가 안정적이다.

이것도 일본 국채 시세를 일본은행이 매입으로 조절해 이율이 0% 정도에서 관리하고 있기 때문이다. 제5장에서 파월 FRB의장이 정부에게 지금은 재정 적자 확대를 주저하지 말고 경제 재상을 우선해야 한다며 세출 증가를 촉구하고 있다고 했다. 그때 국채 이자율이 상승하면 FRB가 중지하겠다는 발언을 언급했는데, 이는 일본의 사례를 염두에 둔 것으로 보인다.

일본은행은 아베노믹스의 첫 번째 신호탄으로 2%의 물가 목표를 내걸고 시장에서 국채를 매입하여 자금을 공급해 왔다. 2014년 10월에는 국채 매입 목표를 50조 엔(약 533조 9,000억 원)에서 연간 80조 엔(약 854조 2,000억 원)으로 끌어올렸다. 그러나 2018년은 38조 엔(약 405조 7,500억 원), 2019년은 20조 엔(약 213조 5,500억 원) 정도로 목표 미달이었다.

하지만 코로나19 쇼크 속에서 열린 2020년 4월 금융정책결정 회의에서는 이 80조 엔(약 854조 2,000억 원)을 목표로 삼는다는 틀을 걷어냈다. 향후 정부 재정 지출의 증가, 국채 발행액 증가에 대비한 정책 변경이었다.

2021년 봄에 걸쳐 신규 대량 발행이 계속되는 국채의 대부분은 일본은행이 신권을 발행해 매입하게 된다. 2020년 5월 22일에는 아소 재무상과 구로다 일본은행 총재가 나란히 기자회견을 열어 코로나 대응에 정부와 일본은행이 한 몸이 되어 대응하겠다고 공동담화를 발표했다. 정부와 일본은행이 긴밀히 연계해 관리 운영하므로 '시장 관계자와 국민 여러분은 걱정하지 말라'는 뜻일 것이다.

일본은행 매입은 도깨비 방망이인가

|

일본만이 아니라 세계적으로도 중앙은행의 국채 직접 매입은 금지되어 있다. 이를 머니타이제이션monetization이라고 부르는데, 중앙은행이 발행한 통화로 국채를 직접 그리고 대량으로 사들여 나라의 재정 적자를 메우는 행위를 뜻한다. 정부의 재정지출에 제동을 걸 수가 없게 되면서 인플레이션으로 이어졌던 역사적 교훈 때문에 금기시되어 있다.

그래서 국채 발행 시에 금융기간이 인수하고 그 지분을 시장에서 일본은행이 매입하고 있다. 짧을 때에는 발행 다음 날에, 일반적으로는 2주 전후, 길게는 한 달 정도 후에 매입하고 있다. 재정 파이낸스와 다른 점이 무엇인지 묻고 싶을 수도 있는데, 그 말대로다. 분명 직접 인수는 아니다.

그러나 정부 예산의 부족 부분을 실질적으로 일본은행이 윤전기를 돌려 인쇄, 매입, 지출(세출)로 돌리는 것까지 문제없이 이루어진다면 이는 마치 도깨비 방망이와 같다. 이런 행위가 언제까지 계속될 수 있을까?

위기 신호, 주목해야 할 지표는

|

코로나19 종식이 언제일지 알 수 없고 생각보다 장기화된다는 사태도 생각하지 않을 수 없으나, 추가 재정출동 등과 같은 사태가 되면 이런 방식이 언제까지 통할까.

우선 정부가 빚(채무) 규모를 견딜 수 있을지 어떨지가 관건일 것이다. 그러므로 이자 지급에 주목해야 한다. 경제의 디플레이션화가 진행된 일본에서는 오랫동안 이어지고 있는 저금리 문제도 있어 정부의 재정 적자가 커진 것 치고는 아직까지 이자가 늘지 않았다. 2018년도에는 7조 8,970억 엔, 2019년도도 거의 비슷한 수준으로 추이된다. 아무래도 발행액이 늘어난 2020년도는 증가를 피할 수 없겠지만, 금리 수준은 일본은행의 관리 아래 매우 낮은 수준일 것이다.

장차 금리 상승으로 이자 지급비가 세출을 압박해 정책 대응이 어려워지면 '끝'이다. 세금에 대해서는 일본은행이 제어할 수 있어도 세계적인 금리 상승이 일어나면 어떻게 될까.

큰손 투자가는 주요국 국채에 투자하고 있다. 만일 미국 국채 수익률이 급등하면 채권 가격은 급격히 떨어져 손실이 난다. 이 구멍을 메우기 위해 다른 나라 국채도 팔게 될 것이다. 밖에서부터 초래되는 금리상승에 일본은행이 매수에 나서겠지만, 예로부터 일본은 '외부 요인'에 약하다는 점이 문제다.

표15 | 주요국의 대외순자산(2019년 말)

일본	364조 5,250억 엔	약 3,892조 3,300억 원
독일	299조 8,332억 엔	약 3,201조 5,600억 원
중국	231조 7,704억 엔	약 2,474조 8,000억 원
홍콩	170조 5,630억 엔	약 1,821조 2,000억 원
노르웨이	108조 7,518억 엔	약 1,161조 2,300억 원

캐나다	84조 650억 엔	약 897조 6,300억 원
러시아	38조 9,013억 엔	약 415조 3,800억 원
이탈리아	▲3조 6,433억 엔	약 38조 9,000억 원
프랑스	▲69조 1,367억 엔	약 738조 2,000억 원
영국	▲79조 8,984억 엔	약 853조 1,300억 원
미국	▲1,199조 3,780억 엔	약 1경 2,806조 7,000억 원

일본 대외순자산 잔고	1,097조 7,310억 엔	약 1경 1,721조 3,500억 원
대외부채 잔고	733조 2,060억 엔	약 7,829조 270억 원
순자산 잔고	364조 5,250억 엔	약 3,892조 3,200억 원

(자료: 일본 재무성)

다른 하나는 경상수지가 흑자인가, 아닌가이다. 일본은 대외 순자산이 세계에서 가장 많은 나라로 2019년 말에는 364조 5,250억 엔이었다.(〈표15〉) 즉 해외에 지불하는 돈보다 거둬들이는 돈이 더 많은 흑자국이다.

지금은 무역흑자(2019년도 0.6조 엔)보다도 해외에 있는 자산에서 배당 및 이자를(동제1차 소득수지 20.9조 엔) 벌어들이는 나라가 됐다. 지금은 경상수지가 흑자로 안정돼 있지만,(〈표16〉)

표16 | 일본의 대외순자산과 경상수지 경위

대외순자산(단위: 10억 엔)			경상수지 (단위: 10억 엔)	
		대 전년비 증감 (단위: 10억 엔)		
2008년 말	225,908	▲24,313	2008년 중	14,879
2009년 말	268,246	42,337	2009년 중	13,593
2010년 말	255,906	▲12,340	2010년 중	19,383
2011년 말	265,741	9,835	2011년 중	10,401
2012년 말	299,302	33,561	2012년 중	4,764
2013년 말	325,732	26,430	2013년 중	4,457
2014년 말	351,114	25,382	2014년 중	3,922
2015년 말	327,189	▲23,925	2015년 중	16,519
2016년 말	336,306	9,118	2016년 중	21,391
2017년 말	329,302	▲7,004	2017년 중	22,778
2018년 말	341,450	12,148	2018년 중	19,374
2019년 말	364,525	23,076	2019년 중	20,115

(자료: 일본 재무성)

만약 정부의 누적 채무가 커지는 가운데 경상수지 흑자를 유지할 수 없게 되면 위험신호가 깜빡일 것으로 보인다. 인구동태人口動態가 문제되고 있으며 저출산 고령화의 진행과 함께 저축 붕괴가 계속될 듯 보여 경성수지 흑자는 축소되리라 여겨진다.

일본의 국채 등급도 마음에 걸린다. 여태껏 정부는 몇 번이나 기초적 재정수지(프라이머리 밸런스)의 흑자화 목표, 이른바 재정건전화를 내걸었다가 백지화했다. 당장 2025년도 말의 흑자화 목표도 신종 코로나 쇼크로 인해 보류는 필연적이다. 과거 경기

회복 시기에도 달성하지 못해 몇 차례고 미뤄왔던 만큼 일본 정부의 재정 건전화에 대한 낮은 의식은 신용등급 하락의 요인이 될 듯하다. 국채의 등급 하락은 국내 은행과 사업체에도 영향을 준다. 기업의 등급 설정은 국채의 등급 설정을 웃돌 수 없다는 소버린 실링Sovereign Ceiling 때문이다.

존재감을 더하는 무국적 통화, 금

|

최종적으로는 국민이 통화인 '엔'을 신용할 수 있는지 없는지에 달려 있다. 신용할 수 없어지면 다른 통화나 엔화 외의 자산으로 갈아타는 일이 벌어지게 된다.

그때 금은 무국적 통화로써 강력하게 작용할 것이다. 기축통화인 달러 자체가 전무후무하리만큼 확 늘어난 가운데, 다른 주요국도 상황은 마찬가지라 외환시장은 이른바 통화 약세를 비교하는 장이 되었다.

그 어떤 통화도 다른 통화와 비교했을 때 비교우위에 있는지 아닌지로 상대적인 강약이 결정된다. 한눈에 비교해 보면 개중 가장 두드러지는 존재는 신용 리스크가 없는 금이다. 각국 재정의 확장 상황이 지속되는 가운데 세계적으로 금에 대한 투자가들의 관심은 계속해서 높아지리라 여겨진다.

통화에 대한 신임은 정치 신뢰도와도 관련 있다. 제5장의 FRB의 미국 국채 매입 때 언급했던 MMT는 일본이 실천적 선구자로 꼽히고 있다.

IMF의 데이터로 일본의 공적 채무 잔고는 2020년 말 단계에서 국내총생산GDP대비 251%로 되어 있다. 신종 코로나 쇼크의 채무 잔고 팽창으로 이 비율은 더욱 높아졌다. 국제적인 지표는 60%이하로 되어 있어, 일본은 거의 '재정 실험' 같은 상황에 있다.

강한 엔화를 금으로

2020년에 들어서 해외 시세 상승을 반영하며 국내 엔화 표시 금 가격 상승도 눈에 띄고 있다.(이 책 집필 시점에서는 아직 사상 최고치를 갱신하지는 않았다)

사상 최고치는 1980년 1월 21일에 기록한 6,495엔(약 6만 9,000원)이다. 상한가에 이른 경위는 제4장에 쓴 대로이며, 당시는 소비세도 없었다. 참고로 1980년 1월 국내 금 가격 평균가는 5,285엔(약 5만 6,000원), 달러 표시 가격은 675달러(약 80만 원)다. 평균가로 보면 실질적으로 국내가격도 사상 최고치를 갱신했다고는 하나, 현물 금을 보유한 사람은 모두 이익을 보고 있는 상황이었다.

애당초 금은 수비하면서 공격하는 자산이며 대비책이기도 하다. 딱 이번 코로나19와 같은 상황에서 금융시장이 대혼란에 빠진 가운데 가격이 상승한다는 특징이 있다.

최근 국내 투자가의 금에 대한 포지션의 특징은 40년 만의 최고 기준이라는 점 때문에 매각하는 투자가가 있는 반면 구입하는 투자가도 있다는 점이다.

예전의 일본은 세계적으로도 바겐세일(싼 값에 주워담기)로 유명했다. 저렴해지면 매수에 나섰다가 상승국면에서 처분하는 형태인 일방통행 매매 패턴으로 알려져 있었다. 그러나 몇 년 전부터는 비싸도 사들이는 경향이 보이기 시작했다.

짐작컨대 2016년 2월에 일본은행의 마이너스 금리 정책 시작이 그 기점이 된 것은 아닐까 싶다. 은행과 일본은행 사이의 일이라고는 하나, 예금에 이자가 안 붙고 오히려 이자(수수료)를 낸다는 발상이 일반인에게는 놀라웠을 것이다.

금리의 하한선이 제로가 아니라는 사실은 그야말로 패러다임의 전환이다. 지금이야 마이너스 이율인 국채 등도 일반적이 되어 일본뿐 아니라 세계적인 양적완화책에까지 도달했다. 그러한 상황 속에서, 앞서 말했듯이 이자를 낳지 않는 금의 디메리트는 사라졌다.

금에 지지 않았던 엔화

|

필자는 원래 엔고론자로, 재정적자가 늘어나는 일본의 상황 때문에 엔 폭락론이 무성히 떠도는 가운데에서도 엔의 폭락은 없다고 말해왔다. 앞서 언급했듯이 일본이 세계 최대의 대외순자산 보유국으로 경상수지가 흑자라는 점, 게다가 순자산 보유 1위를 30년간 유지하고 있다는 점이 그 이유다. 안정적으로 밖에서 돈을 벌 수 있는 나라는 강하다고 생각했다.

게다가 엔화는 국제통화로 지정되어 있지만 해외 유통량이 적다. 일본 경제 규모가 컸던 탓에 국제통화로 지정되긴 했으나 엔화는 상당히 국내적인 측면이 강한 통화다. 즉, 국외에 없는 엔은 팔 길이 없기에, 엔이 폭락한다면 분명 계기는 외부에서 올 것이다. 때문에 일본 국내 경제가 동요하지 않는 한 폭락은 일어나지 않으리라 생각된다.

그러나 최근 들어 막다른 골목에 들어선 양 출구가 보이지 않는 일본은행의 정책과 저금리의 장기화, 일본은행의 포지션에 기대던 정부의 재정 대응에 기어이 경상수지 흑자라는 '닻'만으로는 유지가 불가능해질 듯하다. 인플레이션 요소는 역시 정부에 대한 신임이 관건이라 당장 일어나지는 않겠지만, 엔화의 강점으로 보면 전환기가 다가오고 있다.

2020년 6월, 금의 일본 국내가는 사상 최고치를 갱신하지 않았다. 미국을 비롯해 주요국에서 신흥국에 이르기까지 현지 통화 표시 금 가격은 최고치를 돌파했고 갱신 못 한 나라는 일본뿐이었다. 금 가격이 사상 최고치를 갱신한다는 상황을, 시점을 바꿔 금에 비추어 통화를 바라보면 엔화 외의 통화는 모두 금에 대해 감가하고 있다는 뜻이 된다. 이 상태를 '금에게 지고 있다'고 표현한다면 금에게 지지 않은(감가하지 않은) 유일한 통화는 엔화이다.

그런 엔화도 무국적 통화 금에게 패할 날이 다가오고 있다. 엔화를 컨트롤하는 일본은행과 일본 정부를 보면, 금에 대한 엔화의 감가가 시작되면 당분간은 멈출 것 같지가 않다.

추락하는 것은 달러일지 엔화일지, 그것은 금을 눈앞에 둔 모두가 같은 결과일 것이다.

금에 지지 않았던 강한 엔화의 일부를 금에 분산하는 방식으로 자산 분산을 강력하게 권하고 싶다.

금에 투자하라

초판 1쇄 인쇄 2021년 11월 10일
초판 1쇄 발행 2021년 11월 19일

지은이 가메이 고이치로
옮긴이 현승희
펴낸이 김문식 최민석
총괄 임승규
기획편집 이수민 김소정 윤예솔
　　　　　박소호 김재원
디자인 배현정
제작 제이오

펴낸곳 (주)해피북스투유
출판등록 2016년 12월 12일 제2016-000343호
주소 서울시 성북구 종암로 63, 5층(종암동)
전화 02)336-1203
팩스 02)336-1209

© 가메이 고이치로, 2021
ISBN 979-11-6479-502-4　03320